장소현 8번째 시집

그림과 시

시로 쓴 미술 이야기

그림과 **시**
시로 쓴 미술이야기

초판 1쇄 | 2021년 2월 18일 발행

지은이 | 장소현
펴낸곳 | 해누리
펴낸이 | 김진용
표지그림 | 장신아
표지꾸밈 | 김인경
본문 편집 | 장미현
마케팅 | 김진용

등록 | 1998년 9월 9일(제16-1732호)
등록변경 | 2013년 12월 9일(제2002-000398호)

주소 | 서울특별시 영등포구 당산로 20길 13-1
전화 | 02-335-0414
팩스 | 02-335-0416
이메일 | haenuri0414@naver.com

ISBN 978-89-6226-119-6 (03810)

* 무단 전재와 복제를 할 수 없습니다.
* 잘못된 책은 구입하신 서점에서 바꾸어 드립니다.

<책을 펴내며>

그림에서 시를 읽으며…

좀 엉뚱한 책을 내놓습니다. 깊이 따지고 보면 이해 못할 일도 아닌데, 우선 겉보기엔 생뚱맞습니다.

'시로 쓴 미술평론'을 쓰기 시작한 지는 제법 오래됐습니다. 그림 안에 시가 있고(畵中有詩), 시 속에 그림이 있다(詩中有畵)는 옛 어른들의 가르침에 깊이 공감해서 시작한 일입니다. 내 딴에는 그동안 그런 작업을 꾸준히 해왔습니다.

그거 해볼 만한 일이라고 격려해주는 이도 아주 더러 있었지만, 대부분의 사람들은 측은한 눈길로 바라보며 헛짓 그만두고 그럴 시간 있으면 퍼질러 잠이나 자라는 충고를 아끼지 않았습니다. 동냥은 못해도 쪽박은 깨지 말아야 하는데 말입니다.

그래도 포기하지 않았습니다. 포기할 수 없었지요. 왜냐하면, 훌륭한 평론가들께서 그림을 평하여 쓴 글들이 그림보다도 훨씬 더 어렵고 고차원이어서 어지러운 현상을 받아들이기가 어려웠던 겁니다. 어쩐 일인지 그 동네에서는 알아먹기 어려울수록 훌륭한 글로 대접받는 모양입니다. 때로는 자기 자신도 잘 모를 말을 늘어놓기도 하지요. 그런 고매한 글을 읽을 때마다, 시가 떠올랐습니다. 그래서…

더구나 요즘처럼 문화 권력과 자본이 미술판을 완벽하게 장악하고 있는 환경에서 평론가가 독립적인 존재일 수 있을까 라는 의문도 강하게 듭니다. 하긴 뭐, 그림이 없으면 평론도 존재할 수 없으니 애당초 독립적인 존재는 못되는 셈이지만요.

아, 그야 물론, 작가들의 모자람을 준엄하게 꾸짖으며, 방황하는 우리 미술계의 갈 방향을 명쾌하게 제시해주는 훌륭한 평론가가 더 많다고 믿어 의심치 않습니다.

옳거니, 그렇다면 네가 생각하는 바람직한 평론이란 대체 어떤 것이냐고 꾸짖어 물으신다면 나는 이렇게 대답하고 싶네요. 평론은 징검다리다, 그리는 사람과 감상하는 사람 사이를 이어주는 징검다리. 유행

가에 나오는 것처럼 험한 세상 건너는 다리처럼 장엄한 것은 못되지만… 소박하고 정겹고 믿음직한 징검다리, 자동차를 타고 거들먹거리며 건널 수는 없는 징검다리.

그러니까 아예 소용이 없는 경우도 많지요. 정말 좋은 그림은 설명이 따로 필요 없지요. 그냥 소통이 되고 스윽 스며드는데 그깟 징검다리 따위가 무슨 소용입니까.

아무튼, 나는 시로 쓴 평론이라는 걸 쓰기 시작했습니다. 나도 모르는 새에 쓰고 있었습니다. 그림에 대해서 뭔가 말하고 싶은데, 틀에 박힌 평론은 쓰고 싶지 않았고, 마침 미술 공부를 남들만큼은 했고 시를 쓰는 처지이다 보니 자연스럽게 두 가지를 엮어보게 된 겁니다. 해보니까, 재미도 있고 의미도 있다는 믿음이 생기더군요.

물론 이건 독창적 생각은 절대 아닙니다. 우리 옛 선비들께서 예사롭게 하시던 일을 흉내 낸 것이죠. 그림을 감상하고 흥에 겨워 감상평이나 자기 생각을 그림 여백에 써넣는 멋진 풍습 말입니다. 그걸 화제

(畫題) 또는 화찬(畫讚)이라고 하여, 문인화의 기본 요소로 여기지요.

　백과사전은 '화제(畫題)'를 "그림 위에 쓰는 시문(詩文) 또는 그림에 써넣은 시를 비롯한 각종 글귀"라고 설명합니다. 좀 더 자세하게는 "그림으로 다 나타낼 수 없는 화의(畫意)의 부족 부분을 보완하고, 작가의 창작 동기와 기분 등을 돋보이게 하기 위해서 적어 넣기도 하였다. 그리고 작품에 대한 감상과 평가를 문학적으로 표현하기 위해 적어 넣기도 한다."는 해설이 붙어 있습니다.

　더도 말고 덜도 말고, 그림과 시 사이의 이런 멋진 '울력'을 오늘날에 되살리고 싶은 겁니다. 옛날처럼 그림에다 시를 써넣을 수는 없지만, 시를 지어보자는…

　그러다 보니 가까운 친구들이나 내가 꽤 깊이 안다고 여기는 작가들의 그림만 다루게 되고, 흥이 나야 쓰게 되니 주로 칭찬을 하게 되더군요. 그리고 지극히 개인적입니다. 사랑의 표현이라고나 할까요. 어쩔 수 없는 일이지요. 모르는 걸 아는 체 할 수도 없고,

내키지 않는 걸 하고 싶지도 않으니까요.

내 생각에 평론가는 우선 작가를 진심으로 이해하고 사랑해야 올바른 글을 쓸 수 있다고 믿습니다. 거짓말을 쓸 수는 없는 노릇이고, 평론가가 그림에 대해 작가보다도 더 잘 알 수도 없는 일이지요. 그러니 글 하나 쓰는 데도 시간이 오래 걸리고 품이 많이 들 수밖에 없습니다.

그렇게 쓴 시들을 모은 것이 이 작은 책입니다. 훌륭한 그림들에 매달려 버둥거리는 내 글이 참 누추하기 이를 데 없네요. 차라리 없으니 만도 못한… 하지만 어쩌겠습니까, 잘 하고 싶은 데 능력이 모자라서 안 되는 걸… 더 열심히 매달려 볼 밖에요.

그나저나 나는 왜 이렇게 말이 많은 걸까요? 아마도 평생 어줍잖은 의미와 그럴듯한 핑계만 찾아다닌 버릇 때문이겠죠. 아니면, 애시당초 그림은 설명이 아니기 때문인지도 모르죠.

그렇지만, 글과 그림은 본디 하나이고, 그림과 시도 원래 하나라는 믿음이 그릇된 것이라고 생각지는 않습니다. 훌륭한 시인은 둘을 하나로 묶어 조화시킨 향기로운 글을 쓸 수 있을 것으로 믿습니다. 실제로 그런 빼어난 글이 많이 있지요.

책이 나올 수 있도록 이모저모 알뜰하게 살피고 도와준 여러 분들에게 허리 꺾어 감사드린다.

이천이십년 몹시도 험상궂은 나날
코로나19 때문에 집안에 갇혀서
장소현 삼가 쓰다.

차 례

책을 펴내며 3

1부: 내가 좋아하는 미술가들

별의 뒷모습 / 고흐의 뒤를 따라다니다 14
그림은 기도 / 고흐의 낡은 구두........................... 20
안으로 들어서기 / 가우디의 성가족성당.............. 26
평화 평화 평화 / 파우 카잘스의 새....................... 31
빨간 풍차는 돌고 돌고 / 로트레크의 그림........... 34
노력하는 천재/ 피카소 미술관에서ㅤ..................... 40
가난을 이기는 사랑 / 모딜리아니의 사람 그림 42
언제나 오시려나 / 뭉크의 말년 자화상들............. 46
현대가 고전에 묻기를 / 자코메티 프라도미술관 나들이.. 50
씨앗이 짓이겨져서는 안 된다 / 케테 콜비츠의 외침..... 53
말없이 스며드는 것들 / 마크 로스코의 색면 57

2부: 캘리포니아의 한인 화가들

그리울 때는 그림으로 / 도라 김순련 선생을 그리며...... 62
바다로 오시게 / 안영일의 〈물〉 그림을 듣는다..... 66
섬에서 로망스로 / 현혜명의 그림에 붙여............ 68
답장 보내줘요 / 박윤정의 〈글을 보내며〉............ 73
나무와 숲의 꿈 노래 / 원미랑의 나무 그림........... 76
나의 숲으로 오세요 / 김진실의 〈나의 숲〉............ 79
사랑해요, 어머니 / 김소문의 〈모성〉 시리즈 81
떨리며 스미는 바람 / 박다애의 그림을 읽으며 84
그림무당 춤추다 / 박혜숙의 그림을 들으며......... 87
우주에 빈 의자 하나 / 최영주의 그림을 느끼며 ... 90
가득차서 빈 동그라미 / 최윤정의 〈생의 순환〉..... 92
소박한 나이테 / 장정자의 검정색 그림 94

10

3부: 고국의 벗들

묶은 자가 풀어라 / 한운성의 〈매듭〉 그림 98
과일을 채집하다 / 한운성의 〈과일채집〉............ 103
지금은 아무도 없는 곳 / 한운성의 〈월정리 역〉.. 105
꽃이 되어 보니 / 한운성의 〈꽃〉 그림.................. 107
버리기, 비우기, 얼룩 / 최상철의 그림농사 110
빛을 담는 그릇 가운데로 / 박충흠의 조각 작품... 115
청년과 어린이, 작은 승리 / 윤석원의 조각 121
살벌한 금 하나 / 오윤의 〈통일대원도〉.............. 125
꿈꾸는 쇠, 숨 쉬는 쇠 / 김승희의 쇠로 그린 그림. 129
얼굴은 얼의 꼴 / 권순철의 〈얼굴〉 그림 133
먹 향기 들으며 / 김희영의 수묵화 〈선-율〉 136

4부: 옛날에 옛날에

나이 아주 많이 자신 소나무 / 솔거의 노송도 140
까치 그리는 이 / 이름 모를 옛 환쟁이의 그림 144
어머니 / 변월룡이 그린 어머니 149
터럭 한 올이라도 / 옛 화공의 어머니 초상 152
예술이란? 157
움직씨 158

1부

내가 좋아하는 미술가들

▲반 고흐 <까마귀가 나는 밀밭>, 오베르, 캔버스에 유채, 1890

아래 사진은 고흐가 이 그림을 그린 장소의 오늘날 모습. 관광객들이 꼭 찾는 곳이다. 바로 옆에 빈센트와 테오 고흐 형제의 무덤이 있다.

별의 뒷모습
-고흐의 뒤를 따라다니다

지독하게 외로웠다는 사나이 빈센트 반 고흐 아저씨의 뒷모습을 졸졸 따라다니는 여행은 어쩐지 쓸쓸했다. 허전했다. 어디에서나 그의 자취는 전혀 인류 역사상 최고의 슈퍼스타답지 않았다. 사무치게 외로웠다는 말은 엄살이었을까?

단 70일 머무는 동안 80여점의 그림을 미친 듯이 그렸다는 시골마을, 생의 마지막을 보낸 동네에서 자꾸만 가슴이 울렁거렸지만 왠지 모르게 허전했다.

매일 매일 자신을 조금씩 조금씩 뜯어서 물감에 개어 그림을 그린 화가는 겨우 서른여덟 해를 살고 드디어 별이 되었다. 그러고 보니 30대에 죽은 별이 참 많네…

동생 테오와 나란히 누워있는
공동묘지 앞 쓸쓸한 벌판에는
까마귀 한 마리도 보이지 않고

▲빈센트와 테오 고흐 형제가 나란히 잠들어 있는 무덤.

    가냘픈 권총소리도 들리지 않았다.
    피 흘리며 걸어왔다는 밀밭에서 이층 방까지
    구불구불 시골길에 핏자국도 안 보이고
    동생 품에 안겨 사랑하는 동생 품에 안겨
    마지막 숨을 쉬었다는 작은 방에는
    작은 별빛 하나 아스라이…

    정신병원을 지나고 밤의 카페에도 들르고
    별이 빛나는 밤하늘 찾아 두리번거리며

그렇게 돌아다녀도
고흐 아저씨는 안 계시고,
우리의 위대한 고흐 선생은 안 보이고
관광객만 바글바글 사진 박는 소리 요란하고
오래전에 여기 잠깐 살았던 미친 그림쟁이 뜯어먹으며
오늘 가까스로 사는 사람들 두런거리는……

그러고 보니 나는 나의 사랑 고흐 아저씨의 슬픈 뒷모습, 아린 흔적만 보고 다녔구나. 마주 보며 눈 맞춘 적 없이, 어리석게도 구경꾼들 뒤통수 날카롭게 응시하며 쓸데없는 발품만 팔았구나, 어리석어라 어리석어라…

집에 와보니 거기 고흐가 있었다,
눈에 익은 고흐 아저씨가 편지를 쓰며
사람 좋게 웃고 있었다.
지독하게 외롭고 배고팠지만 넘치게 행복했던 그림쟁이가
그래 구경은 잘 했냐고 물으며
자화상처럼 어색하게 웃었다.

그 많은 자화상을 그리며

▲반 고흐 <별이 빛나는 밤>, 생레미, 캔버스에 유채, 1889

정신병원 병실의 창틈으로 보이는 풍경을 그렸다.

고흐 아저씨는 무슨 생각을 했을까?
나는 누구인가? 지금 어디서 무얼 하고 있는가?
단 10년 사이에 그 많은 그림을 그리고
별을 향해 떠난, 그래서 마침내 별이 된
그림쟁이의 꿈은 정말 무엇이었을까?

 문득 별빛 속삭이는 소리를 들었다.
그림은 곧 내 목숨이다.

▲반 고흐 <낡은 구두 한 켤레>, 파리, 캔버스에 유채, 1886

그림은 기도
-고흐의 낡은 구두

젊은 시절 목회자 꿈 꺾인 슬픈 고흐는
그림을 그리기 시작했다.
엎드려 기도하며
그림을 거룩하게 섬기는
마음 가난한 그림쟁이

그림은 어쩌면 종교일까
그림이 거룩한 영성 담을 수 있다면
천 마디 설교보다 진한 그림

마침내
그림은 기도다.

젊은 시절 고흐는 지극하다.
감자 먹는 사람들
아버지의 성경책, 이사야서 펼쳐놓은…
슬프디 슬퍼서 너무도 야윈 여인의 요람

▲반 고흐 <성경책과 에밀 졸라의 소설이 있는 정물화>, 캔버스에 유채, 1885

낡은 구두 한 켤레
누가 신던 것일까? 이름 모를 아무개…
이제는 신을 사람 없는 낡은 구두
얼마나 먼 길 걸었을까, 터벅터벅
얼마나 땀 흘려 일했을까, 영차영차
이제 구두 주인은 가고, 자취도 없고
혼자 남은 구두 한 켤레 덩그러니
땀 흘려 일하는 사람의 피곤한 구두 한 켤레

-낡은 구두는 왜 그리셨나요?
-그냥… 내가 신으려고… 내 발에 꼭 맞을 것 같아서… 벼룩시장에서 샀는데… 신으려니 그게 참 애잔하데… 이 신발 신고 땀 흘렸을 주인장 지친 모습 보이는 것 같고… 지금은 없는 그 사람 그림자… 뭐 그래서 두루두루… 뭐 그래서 그랬지… 그리는 내내 지금은 없는 구두 주인 얼굴 어른거려 눈물 나데… 구두가 말해주데 먼 길 헤매 다니느라 많이 힘들었다고… 기도드렸지…
-구두가 말을 해요?
-그럼 말하지, 웃기도 하고 울기도 하지

드디어

▲반 고흐 <슬픔>, 1882

그림은 기도
간절한 기도다.

나는 여태까지 살면서 몇 켤레나 구두를
신고 버렸을까, 몇 켤레나
어디를 헤맸을까, 먼 나그네길
떠난 곳 있는데 돌아갈 곳 아득한……
내가 신었던 신발들 지금 어디서
울고 있을까…

아무리 생각해도
고흐의 그림은 기도
지극한 기도다.

▲안톤 가우디가 설계한 성가족성당. 지금도 계속 건설 중이다.

안으로 들어서기
-가우디의 성가족성당

목수의 아들을 위해 대장장이 아들이
모든 것 바쳐 지은 거룩한 기도 공간
대장장이 아들인 건축가는 끝내 완공을 보지 못하고
죽었네, 죽고 말았네.

왁자지껄 시끄러운 관광지
넘실대는 인간 파도 가까스로 헤치고
돌나무숲에 들어서니 문득 고요해지고
아무 것도 걸치지 않은 햇살 너울너울
춤추며 서늘하게 영혼 어루만지네
"색깔은 빛의 고통"* 이라는 말
어렴풋이 알 것 같기도 한데…
남루한 영혼 빛으로 너울너울 씻었으니
조금은 깨끗해졌을까?
어디에 널어야 잘 마를까?

밖에서 안으로
조심스레 성큼 들어서기

    우리의 위대한 건축가는 끝내 끝을 보지 못하고 죽었다. (본디 끝이란 없는 걸까?)
    일흔네 살 먹은 위대한 건축가는 새벽 미사에 다녀오는 길에 노면전차에 치여 널부러졌다. (건물 설계에 넋이 팔려, 달려드는 전차를 보지 못했겠지.) 우리의 위대한 건축가의 허름한 차림새를 본 운전사는 노숙인으로 여기고 그냥 버려두고 가버렸다. (위대한 건축가가 저렇게 남루할 리 없지. 아니면 전차 운행시간이 너무 급했을까? 다음 정차장에서 기다리는 선량한 승객들을 생각하면, 노숙자 한 명의 부상쯤이야.)
    착한 사람들이 길바닥에 널부러져 쓰레기더미로 보

이는 우리의 위대한 건축가를 병원으로 옮기려고 택시를 찾았지만, 역시 노숙인으로 생각한 기사들은 그냥 지나쳐, 3번의 승차 거부 끝에 4번째로 잡은 택시 운전수가 겨우 운전해 병원으로 갔지만… 병원에서도 2곳이나 진료 거부를 당해… 빈민들을 구제하기 위한 무상 병원에 놔두고 가버렸다.

아무도 우리의 위대한 건축가를 알아보지 못했다. 오직 보이는 건 남루한 겉모습뿐. (예나 지금이나 세상 인심은 똑같은 모양)

병원에 버려진 채로 있다가 겨우 정신을 차린 위대한 건축가가 간호사에게 이름을 말하자, 소스라치게 놀라, 친척들과 친구들에게 급히 연락했고(이름은 이렇게 중요하다.)… 서둘러 달려온 그들이 다른 병원으로 옮기자고 말했지만, 우리의 위대한 건축가는 말했다.

"옷차림을 보고 판단하는 이들에게 이 거지같은 건축가가 이런 곳에서 죽는다는 것을 보여주게 하라. 난 가난한 사람들 곁에 있다가 죽는 게 낫다"

그리고 그대로 빈민 병원에서 세상을 떠났다. (사람들은 그 죽음을 비참하다고 말한다.)

그리고 위대한 건축가의 유해는 목수의 아들을 위

해 짓던 성당 지하 묘지에 안장되었다. (본래 성당의 지하에는 성인만 안치될 수 있지만, 우리의 위대한 건축가는 이례적으로 로마 가톨릭 교황청이 특별히 허락해 묻힐 수 있었다.)

   눈먼 자들 떠들어대는 바깥세상에서
   눈 맑은 이들 노래로 기도하는 안으로…
   밖에서 안으로
   성큼 들어서기

  *괴테의 말

평화 평화 평화
-파우 카잘스의 새

그대도 아시지?
첼리스트 파블로 카잘스의 애칭은 파우(Pau)
파우는 카탈루냐 말로 평화.
카탈루냐는 카잘스의 정다운 조국.
그 동네 새들은 하늘 높이 나르며
피스, 피스, 피스…
온갖 잡새들이 모여들어
평화 평화 평화…
그렇게 노래한다지, 기도한다지.

그래서일까? 아마 그렇겠지!
구슬픈 카잘스의 '새의 노래' 들으면
찬비가 내린다, 내리며 중얼거린다,
주룩 주룩 주룩
평화 평화 평화
평화가 평화가 주룩 주루룩 흘러내리고…

우리가 같이 그 노래 들은 적 있었나?

▲카잘스의 동상. 스페인 바르셀로나 근교 몬세라토 산중턱에 세워진 수도원 정원에서 첼로를 연주하고 있다.

그게 우리로 치자면 아리랑 같은 민요라는군

그대도 잘 아시는 대로
고향 떠나 객지에서 오로지 고향생각,
'새의 노래' 연주하며 독립을 외쳤지만
끝내 고향에 돌아가지 못하고
객지에서 눈 감은
늙은 예술가의 꿈
피스 피스 피이이스으으
평화 펴엉화 펴어엉화아아

그대 생각은 어떠신지?
총 쏘고 폭탄 던지지 않아도
피스 피스 피이이스으으
평화 펴엉화 펴어엉화아아

▲툴루즈 로트레크 <물랭루즈> 포스터, 채색석판화, 1891

빨간 풍차는 돌고 돌고
-로트레크의 그림

　나의 오랜 벗 난쟁이 귀족 화가 로트레크가 휘갈기듯 재빠르게 토해낸 그림들 사이를 숨죽이고 어슬렁거리는 동안 나도 모르게 깨달았네.
"그림은 구원이다."
　그림 덕에 그 이는 살았다.

　아주 오래 전부터, 꽤 오래 전부터 나는 그 이를 친구나 형님으로 가깝게 모셔왔다. 그 이의 일거수일투족을 제법 이해한다고 믿었다. 언젠가 빨간 풍차 도는 술집에서 좋은 술 한 잔 나누며, 정신없이 엉망으로 취해 비틀비틀 서로 부축하며 어깨동무하고 뒤뚱뒤뚱 빨간 풍차처럼 눈물 나는 신파조 노래라도 고래고래 부르며 그 이가 잘 가는 여자집에라도 함께 가고 싶었다. 정말이다.

　그 이가 그린 소박한 고흐 초상화 보면서
　비로소 알았네, 그 깊고 따스한 눈길, 가까스로 알았네

▲로트레크는 기발한 분장을 하고 찍은 재미있는 사진을 여러 장 남겼다. 자신의 신체적 결함을 감추려고 일부러 과장해서 우스꽝스럽게 연출했다고 전한다.

    그림은 사랑이라는 걸…

    -너무 서두르지 마세요, 형님.
    쉬엄쉬엄 가야 꿈꾸는 대로
    멀리까지 갈 수 있어요.
    부디 자중자애하세요, 형님!

    경쾌하게 재빨리 그어댄 선마다

짙게 배어난 외로움…
어딘지 수상쩍고 흥청망청 질퍽한 곳
으슥해서 아늑한 곳 찾아서
꽃처럼 키운 외로움.
돌아서서 남몰래 닦는 눈물

춤추는 사람들 튼튼하고 날렵한 다리 그리며
무도장에서 경마장에서 서커스장에서

건강한 다리들 요란한 움직임
그 속도를 재빨리 그리면서
움직이는 것 그리는 일은 슬프고 외롭다고.

그 속도 그리다 지쳐
맥없이 퍼질러 앉아 꾸는 안타까운 꿈

당당하게 걷고 빨리 달리고 말처럼 힘차게 뛰고 껑충껑충 춤추고 넘어져도 재빨리 일어나 다시 뛰고 그러는…

그 외로운 꿈의 힘으로
빨간 풍차는 빙글빙글 줄기차게 돌고

-내가 만약 몸이 성했다면 그림 따위는 거들떠보지도 않았을 꺼야!
　-알아요, 그 마음 잘 알아요, 형님! 그렇지만, 형님 그림은 무심한 듯 간절해서 좋은 거예요. 그러니 행여 함부로 다루진 마세요, 형님!
　빨간 풍차 하염없이 돌고 돌고
　세월은 덧없이 흐르는데
　내 오랜 친구 또는 형님이 사랑한, 남몰래 사랑한
　여인은 몇 명이나 될까,
　말도 못 꺼내고 속으로만
　사랑한 여자들…
　빨간 풍차 빙글빙글 돌고, 석탄백탄 타는데…

　-그렇게 자학하지 말아요, 형님. 그림을 썩 잘 그리시잖아요, 형님은! 그거면 됐어요, 충분해요. 자자, 우리 시원하게 한 잔 합시다, 형님!

　내가 바라는 건 그저

촉촉한 눈길 따스한 손길

-너무 조바심치지 마세요, 제발.
타박타박 걸어야 오래오래 걸어야
끝까지 갈 수 있어요, 형님!
지친 몸 이끌고 어머니 찾아 집으로 돌아가는
내 친구 또는 형님의 짤막한 그림자 쓸쓸하게
휘청휘청 흔들릴 때마다 은총처럼 울리는 소리…

-빨간 풍차 오늘도 돌고 있네요, 형님!
이거 저거 다 잊어버리고
한 잔 합시다요, 형님!
그래도 잊지 마세요, 그림은 구원이라는 거.

▲피카소가 존경하는 선배 화가 벨라스케스의 걸작 <시녀들>(1656년 작)을 철저하게 분석하여 자기 식의 입체파 풍으로 재해석해서 그린 작품(1957년작).

이 작품을 그릴 당시 피카소는 76세로, 최고의 거장 대접을 받고 있었지만 공부하는 자세를 잃지 않았다.

노력하는 천재
-피카소 미술관에서

    피카소는
    피카소다.

    젊었을 적이나 나이 들어서나

    피카소는
    피카소다.

▲모딜리아니 <누워 있는 누드> 캔버스에 유채, 1917

이 작품은 2015년 뉴욕 크리스티 경매에서 1억 7400만 달러에 낙찰되어 세상을 놀라게 했다. 모딜리아니는 지독한 가난에 시달리다 외롭게 죽었다.

가난을 이기는 사랑
-모딜리아니의 사람 그림

참 사랑꾼 모딜리아니 그림에서는
사과 썩는 냄새가 난다.

이태리에서 꿈 품고 온 미남 청년은 가난했다,
가난했지만 당당했다.
그저 잠시 돈이 좀 없어 불편하고
몇 푼 안 되는 밥값을 그림으로 대신하는 것이
미안하고 쑥스러웠지만
한없이 고고했다.

맑고 슬픈 눈으로 단테의 시를 줄줄 외는
철학자 스피노자의 후손인
미남 그림쟁이
가난, 배고픔보다 견디기 어려운 건 외로움
외로움 이기는 건 오직 사랑 뿐…

사랑이 고파 보이는 대로 그렸다,
사람만을 그렸다, 닥치는 대로…

그리고 또 그리는 동안만은 그래도
배고프지도 외롭지도 않았다.
지독한 외로움 이기는 사랑…

참사랑을 아는 젊은이만이 그릴 수 있는
흐르는 듯 부드럽고 긴장된 선들
현악기 줄처럼 팽팽한 선들
건드리면 흐느끼며 떨리는 선들…

눈동자, 물끄러미
아득히 먼 영원 응시하며 꿈꾸는
인생이 의심스럽지만 포기할 수 없어
고개 갸우뚱, 꿈꾸는 길다란 얼굴들

그의 관심은 오직 사람 뿐

오로지 사람만 그린 외로운 화가
그것도 그저 인물화가 아닌 초상화
잘 아는 사람들을 사랑의 손길로 그린…
그리고 요염하고 사랑스러운 누드들…
텅 빈 허공에
팽팽하고 날카로운 선이 빚어내는
자유롭게 탁 트인 공간, 외롭지 않은 입체
모디는 타고난 조각가였다.

(오래 전 특별전시회에서 만났던
모디의 데드마스크
왜 그리 작고 쓸쓸해 보이던지,
사랑을 끝끝내 믿은 이의 지친 얼굴…)

너무도 지독하게 사랑했기에
사랑으로 죽었노라,
이태리에서 온 꿈 많은 미남 청년은…
사랑하는 남편 따라 몸 던진 아내는…
마침내
삶과 예술은 하나가 되어
그렇게
슬픈 사랑은 드디어 완성되었다.

▲뭉크 <밤의 방황자> 캔버스에 유채, 1939

언제나 오시려나?
-뭉크 말년의 자화상들

절규하는 그림 한 장으로
세상 마음 휘어잡은 화가의 힘은
죽음의 그림자에서 나오는 것일까
소용돌이치는 붉은 오로라 때문일까

어릴 적부터 익숙한 죽음의 냄새
그리고 평생 따라다닌
죽음의 그림자

생의 프리즈를 그리고 또 그리고
또 고쳐 그리며 생각하는 삶과 죽음…

나이든 뭉크의 자화상들에는
죽음 비린내 흥건하다.

(왜 갑자기 이렇게 많은 자화상을 그렸을까. 병원에서, 기둥시계와 침대 사이에 서있는, 밤의 방황자, 파스텔을 쥐고, 포도주 병을 앞에 두고, 담배를 피우

▲뭉크 <절규> 판지에 카세인, 유채, 1893

고, 지옥에서…)

꾸부정 서성이며 내면 응시하며
이제나저제나
죽음 오시기를 기다리는
차디차고 긴 그림자.

작품들은 나치에 의해 퇴폐미술로 낙인찍혀 몰수당하고
화가는 혼자서 죽음을 기다렸다.
기둥시계와 침대 사이에 서있는 자화상에
이렇게 덧붙였다.
"화면의 남자는 죽어가고 있다.
이미 부패되어 가고 있다."

그림으로 무서운 죽음의 공포를
잊을 수 있다면, 이길 수 있다면…

멀리서 찾아오는 오랜 친구 기다리듯
이제나 오시려나 저제나 오시려나,
기다리며 서성이는…

여든 번째 생일잔치 얼마 뒤
화가 뭉크는 죽었다, 평화롭지만 고독하게.

뭉크 집 문에 자필로 써 붙인 팻말이
죽은 뒤에도 한동안 걸려 있었다고 전한다.
"뭉크는 부재중임"

▲고전 명작들과 멋지게 어우러진 쟈코메티의 조각들. 스페인 마드리드 프라도 미술관.

뒤쪽 벽에 걸린 벨레스케스의 걸작 <시녀들>이 보인다.

현대가 고전에 묻기를...
-자코메티 프라도미술관 나들이

프라도미술관 200살을 축하하려고
찾아온 자코메티의 사람들……
성큼성큼 걷고, 멍하니 서있고

자코메티의 마르고 길쭉한 사람들이
프라도미술관 여기저기
근엄하게 걸려있는 고전 명작들 사이사이
비쩍 마르고 앙상한 몸매로
아, 고전과 현대가 이렇게도 스스럼없이
멋들어지게 어울릴 수 있다니.

자코메티가 빚은 사람들은 어쩌자고
모두들 가시처럼 바짝 말랐을까
모든 것 다 빼내고
뼈와 영혼만 남긴…

어떤 이는 그걸 현대인의 고독을 상징하는
자화상이라고 말하지

사르트르는 친구인 자코메티를 극찬했다.
"아무도 그보다 더 멀리 갈 수 없다."
아, 그렇구나, 너무 멀리 갔기에 고독한 인간
외로움은 언제나 피골상접.

그러고 보니
벨라스케스에게 자코메티가 묻더군
어디로 가야, 어떻게 살아야
고독하지 않은지요? 꼭 알려주세요.

현대가 고전에 묻는 말,
혹시 외롭지 않으세요?

씨앗이 짓이겨져서는 안 된다
-케테 콜비츠의 외침

"예술이 아름다움만 말하는 것은 위선이다."

그렇다 나는
핍박받는 이웃들을 위해
피눈물로 그림을 그리고, 부지런히 판화를 찍었다.
착한 사마리아인이고 싶었다.

그리고 나는
1941년 시월의 마지막 날 한 통의 전보를 받았다.
"당신의 아들 전사했음"
내 몸이 산산조각 나는 것처럼 아팠다.
이어서
2차 세계대전 때 손주마저 전사했다.
내 몸이 부서져 가루가 되는 것처럼 슬펐다.

그래서 나는
전쟁에 반대하는 어머니요, 단단한 화가가 되었다.
죽은 아이를 껴안은 엄마,

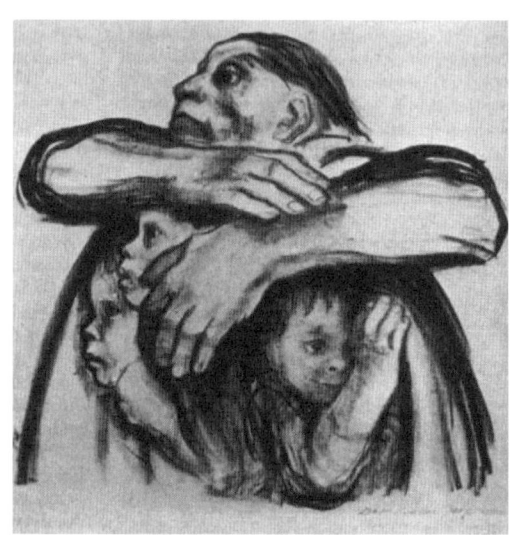

▲케테 콜비츠 <씨앗이 짓이겨져서는 안 된다>
석판화, 1942

배고파 우는 아이들을 감싸는 엄마,
사랑하는 이의 전사 소식을 들은 여인을
피눈물로 그리는 화가가 되었다, 되고 말았다

아들과 손자를 가슴에 묻은 어미 마음으로 외친다.
"씨앗이 짓이겨져서는 안 된다!"
어미의 마음으로 세상의 모든 전쟁에
반대한다.
이런저런 구실 꾸며 전쟁 일으키는 자

▲케테 콜비츠 <비통한 부모> 1932

함부로 사람 죽이는 자들에
온 몸으로 맞선다.
그림으로 싸운다.

나는 운다, 흐느껴 운다.
판화 찍을 나무판 파면서, 그림 찍어내면서…
가슴의 피멍 달래려면 그저 눈물밖에 없다.

그래서 나의
그림을 통곡이다, 피의 절규다,

▲케테 콜비츠 <피에타> 1937-38

전쟁은 그만!

****

케테 콜비츠는 전쟁이 끝나기 몇 달 전
종전의 기쁨을 못 보고 세상을 떠났다.
(히틀러에 맞선 신학자 본회퍼는 종전 바로 전 날
총살당했다.)
세상에 그런 일이 태연하게 있었다.

말없이 스며드는 것들
-마크 로스코의 색면

 자, 이리 가까이 와서 자세히 보세요. 착한 우리 아기 맑은 눈동자 들여다보듯
 좀 더 가까이 바짝, 마음 활짝 열고…
 어떠세요?
 슬프다구요? 아, 감사합니다. 내 그림을 제대로 잘 보셨어요. 정말 잘 보셨어요.
 무엇이든 스며드는 건 진해요.
 영혼으로 스며드는 깊은 색깔들처럼…
 저녁 노을 온 하늘 붉게 온통
 핏빛으로 붉게 물들이듯
 그렇게 말예요. 스며드는 색깔은
 흐느껴 울지요, 파도처럼.

 그래요, 스며드는 건 모두 착해요.

 자, 이리 더 가까이 와서 자세히 봐요.
 영혼의 소리 들어요,
 말이 필요 없는…

▲마크 로스코 작품

▲로스코 채플 내부

젊었을 땐 나도 말을 참 많이 했지요.
책도 많이 찾아 읽어대고… 쓸데없는 것들…
세월 흐르면서 점점
말이 줄어들더군요.
입 닫고 말 줄이자 얼핏 보이데요
성령의 그림자처럼 거룩한 색깔들…

그래요, 부패와 발효의 경계는 늘
아슬아슬하지요. 죽음의 계곡처럼

보이지 않는 것까지
보여줄 수 있으면 정말 좋겠는데

그냥 말없이, 말하지 않고
푹 익어 숙성되고 발효되고 그렇게
아주 좋은 포도주처럼 그렇게 스며들어
보고 있으면 그냥 취해서
눈물 흐르는
그런 그림 그리고 싶었지요.
다 그리고 나서
깊이 잠들고 싶었지…

모든 스며드는 것은 착해요,
그림은 스며드는 것…

2부

캘리포니아의 한인 화가들

▲김순련 <프리다> 캔버스에 유채, 1995

그리울 때는 그림으로…
-도라 김순련 선생을 그리며

하늘나라에는
언제나 고운 꽃 흐드러지게
피어 있겠지요
그래서 무지개가 그렇게도
향기롭지요.

하늘나라에는
지금도 온갖 새들 춤추며 불러대는
노래소리 요란하겠지요.
그래서 비가 내리면 그렇게도
반갑지요.

봄꽃 온누리에 가득하면
무척 그리워지겠지요, 보고 싶겠지요.
새들 춤추며 노래하는 숲에 가면
문득 그리워 두리번거리겠지요.
가을 들녘 한가득 코스모스 하늘거리는 날
또는 나무들 모두 옷 벗고 잠들 무렵이면

또 사무치게 그리워서 울먹이겠지요.

한 평생 아름다움만 생각하며
소녀 같은 얼굴로 꽃처럼 수줍게 웃으며
그렇게 맑게 사셨으니,
이제 하늘나라에서 붓을 들어
마음껏 그리세요, 편안하게…

그리고
좋은 그림 만들어지면
무지개나 보슬비로
살며시 내려보내 주세요.
못내 그리울 때
살며시 꺼내볼 수 있도록…

그림은
그리움입니다.

아름다움은
온누리 덮을 만큼
넓고
아름다움은
죽음을 이길 만큼
깊지요.

그러니 부디
아름다움으로 영원토록
그림과 함께 살아 계시기를…

가끔 좋은 그림
내려보내 주시기를…

그림은 끝내
그리움입니다.

바다로 오시게
-안영일의 <물> 그림을 듣는다

▲롱비치 뮤지엄에서 열린 <안영일 초대개인전>

여보시게 친구
문득 어깨 무겁고 가슴 답답하거든
바다로 오시게나, 와서
파도의 노래 들으시게
물결의 마음 읽으시게.

저기 하늘과 물이 만나는 곳에서 일어나
내 시린 마음까지 춤추며 달려오는
파도의 교향곡 들으시게나, 그 장엄한…

여보시게 오랜 친구
어쩐지 사는 게 억울하거들랑
흐르는 물을 만나시게나, 만나서
나이 먹은 이(老子)의 속삭임 들으시게
덧없다 모두 용서하라 덧없다
부질없다 모조리 놓아라 부질없다
속절없다 다 버려라 속절없다
낮은 곳으로만 흘러내리는 물
수르르 흐르는 눈물에
씻겨가는 티끌처럼……

▲현혜명 <숲>

섬에서 로망스로
-현혜명의 그림에 붙여

먼 길 타박타박 걸어 여기까지 왔네
조각보 알록달록 벌판 살랑살랑 지나
외로운 섬 건너, 바람 서늘한 숲 가로질러
이제 푸근한 로망스의 땅으로…

<1> 우리는 섬으로 간다

우리는 이제 섬으로 간다.
동양과 서양이 반갑게 만나
수줍은 듯 즐거운 듯 흐드러지게 춤추는
섬으로 우리는 손잡고 간다.

수묵화와 인상파가 만나는 곳
물과 기름이 섞여 하나되는 곳
서양의 차가운 네모칸 뛰어넘어 훌쩍
동양의 붓놀림이 기운생동 하는 곳
구성진 대금가락과 바이올린이
천연덕스레 어우러지는

▲현혜명 <로망스> 2019

그 섬에서
새소리 들으며, 꽃들의 노래 따라 부르며
토끼와 말과 소나무와 들풀들과 뛰놀며
안으로 안으로
축축하게 잦아든다, 우리는……

요란한 색깔도 없고
사람 그림자 하나도 보이지 않지만
맑은 사람의 목소리 넋으로 울려 우렁찬
목숨 냄새 끝끝내 싱그러운
작은 섬으로 우리는 간다.

안개처럼 영혼처럼
또는 어머니의 자장가처럼 흥얼흥얼
고즈넉한 진양조로 아련한
작은 섬, 그림 속의 작은 섬
우리 끝내 가야할 그곳…

<2> 로망스 마을
나이 들어 눈 침침하고 너그러워져
이젠 좋은 것만 보기로 하네
좋은 소리만 들으며 지내기로 하네

넉넉하게 웃으며 살기로 하네
음악처럼 은혜롭게 흐르는 세상 그리며

왜 그 많은 작곡가들이 꽃밭처럼 달콤한
'로망스'를 다투어 지어냈는지
이제 조금은 알 것 같네.

나도 모르게 터지는 찬양 같은 것...
웅얼거리는 기도에서 눈부시게 솟아오르는 찬양으로
"참 아름다워라
주님의 세계는..."

이제 알겠네
그림은 설명이 아니라는 걸.

답장 보내줘요
-박윤정의 <글을 보내며>에 붙여

내가 보낸 글 받았나요?
우리가 자주 가던 그 바닷가
낯익은 파도에 실어 보냈어요.
걱정 마요. 난 씩씩하게 잘 지내요.
거기서도 잘 보이지요?
평화로운 세상 오려면 아직 멀었다지만,
그래도 부지런히 빚고 만들고 굽고 그래요.
가끔씩 가슴이 아리고 아프기도 하지만
이겨낼 수 있어요. 잘 할 수 있어요.
그러니 내 걱정일랑 말고
건강하게 잘 지내요.
보고 싶어 그리움 사무치면
또 글 보낼 께요.
답장 보내주면 만난 듯 반갑겠네요.
안녕, 그리운 내 사람…

글 또 보냈어요. 이번엔 우리 집 정원
과일나무에 걸어뒀어요, 당신이 심은…

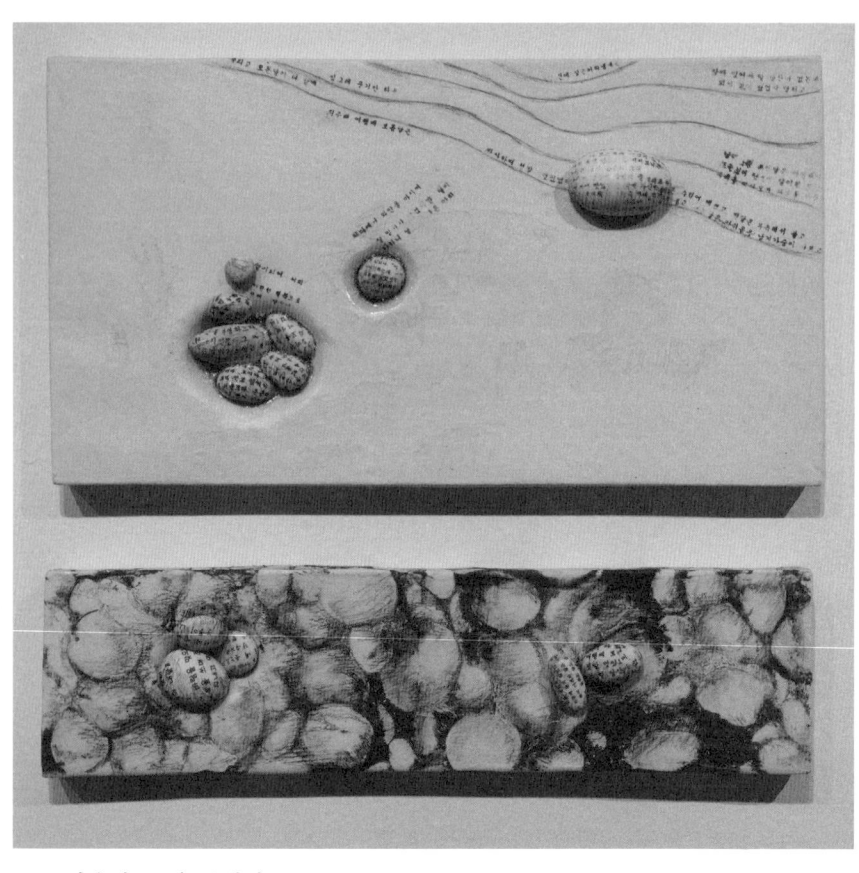

▲박윤정 <글을 보내며>

보고 싶을 때면 남기고 가신
글을 읽어요. 그러면 따스해져요.
오늘은 그대 글 옆에 내 글을
나란히 새겼어요, 나란히…
이젠 답장 안 해줘도 돼요.
남기고 간 글들이 모두 답장이란 걸
이제야 알았어요, 바보 같이 이제야 겨우…
길을 걸을 때 곁에 있는 누군가가
바로 당신이라는 걸,
우리가 언제나 같은 꿈을 꾼다는 걸
이젠 알아요.
그래도 어쩌다 생각나면

답장해줘요. 바람처럼 부드러운 답장…
밥 잘 드시고, 감기 조심해요.
글 또 보낼께요.
안녕, 보고픈 내 사람…

▲원미랑 <숲>

나무와 숲의 꿈 노래
-원미랑의 나무 그림

나무들이 하늘 향해 꿈꾸듯 기도하듯
사방으로 흔들며 살랑살랑 춤추는 건
무지개를 잡고 싶기 때문이라는 걸
화가는 안다,
나무의 꿈을 그리는 화가는……

나무들이 다정하게 옹기종기 모여서 사는 건
더는 외롭고 싶지 않기 때문이라는 걸
가난한 화가는 읽고, 그린다,
저 아래 깊은 곳까지 축축하고 따스한 나무를
화가는 흐느끼며 그린다.

나무들이 하늘 향해 높이 높이 자라면서
질서 있게 양보하며 공손하게 가지 뻗는 건
햇살의 춤 그립기 때문이라는 걸
화가는 안다,
바람의 노래 듣는 화가는
잎새 사이사이로
축복처럼 찬란하게 출렁이는

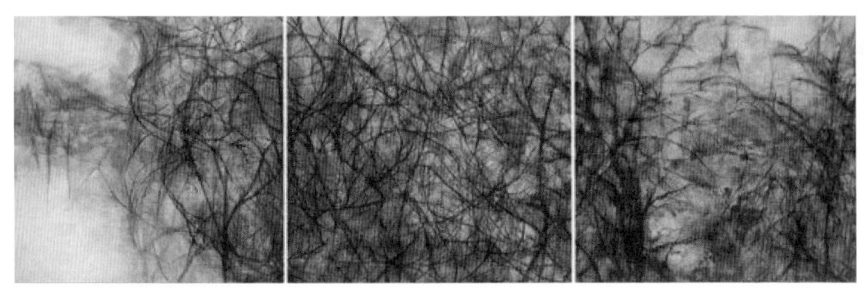

▲원미랑 <나무의 노래>

    햇살의 춤사위를 그리는 화가는……

    그래서
    화가와 나무는 오랜 친구.
    말 하지 않아도
    서로 마음 알고 함께 흐느끼고 노래하는
    아주 아주 아주 오래된 친구…

    그림 숲을 거닐다가
    문득 떠오르는 생각,
    어쩌면
    나무와 화가는
    아주 아주 아주 오래 전에는
    하나였을지도 몰라,
    따스하게 일렁이는 햇살 안에서……

나의 숲으로 오세요
-김진실의 <나의 숲>

스스로 그러함(自然)이 어째서 그토록
아름답고 고마운지 알고 싶거든
나의 숲으로 오세요.
늘 싱그럽게 살아 펄떡이는 곳…

산과 산, 들과 산 어깨 나란히
거기서 불어오고 불어가는 바람의 숨결
스며들어 맥박처럼
진양조로 자욱하게 깔려 떨리는
큰 젓대소리

마음 열고 귀 기울이면
마침내 들리는 바람의 고운 빛깔
산 넘고 들판 가로질러
숨결처럼………

사람이 너무 무거워 혹시라도
내려놓고 싶거든

▲김진실 <나의 숲>

아주 작고 하찮아서 아름다운 것들
오순도순 모여 춤추고 노래하는
넉넉하게 품 넓은 나의 숲으로 오세요.

사랑해요, 어머니
-김소문의 <모성> 시리즈

　세상의 모든 어머니는
거룩하고 아름답다.
한 평생 어머니 사랑을 그려온
화가의 고집은 믿음직스럽다.
황소 닮은 그림쟁이의 황소고집,
어머니 심성 꼭 닮았네.

　참으로 많은 어머니를 그렸네.
　아기 젖먹이는 엄마, 자장가 불러주는 엄마, 음식 만드는 엄마, 빨래 하고 바느질 하는 엄마, 남 몰래 우는 엄마, 웃는 엄마…
　춤추는 어머니, 기도하는 어머니, 약 발라주는 어머니, 자식 아픔 대신하는 어머니…
　가장 먼저 일어나고 제일 늦게 누우며 힘들고 험한 일 도맡아 다 하며, 언제나 거기 있는 큰 산…
　엄마를 그렸네, 어머니를 그렸네

　그러나 지금은 안 계신

▲김소문 <모성>

엄마 어머니 어머님
엄마 어머니 어머님

세상 모든 어머니 사랑 그리는
화가는 언제나 절절하고 행복하다.
잠시도 게으를 수 없다,
갚아야 할 것 너무도 많으므로…
함부로 그릴 수 없다
세상 모든 어머니는 하늘이고 땅이므로…

아직도 그리지 못한 것 너무 많아
어머니 냄새, 어머니 첫 사랑, 부뚜막에 걸터앉아 쉰밥 물에 말아 끼니 때우는 어머니, 누구를 기다리시나 하염없이 먼 산 바라보는 어머니, 그리고 어머니의 꿈…

그래서
어머니 사랑 그리는 화가는
날마다 새롭고 태어난다.

▲박다애 <작품>

떨리며 스미는 바람
-박다애의 그림을 읽으며

들리나요? 들어보세요.
촘촘한 붓질 사이사이, 물감 틈새 틈새로
스치듯 살그머니 지나가는
바람의 속삭임을…
아주 섬세하게 정성껏 살펴야
비로소 아련하게 느껴지는 것들.
어디서 비롯되어 어디서
스러지는가, 이 바람은…

"움직임, 그것이 바로 생명이다." *

들리나요? 들어보세요.
바람이나 파도는 떨리는 생명의 맥박
아주 작은 설레임에도 뛰는 가슴.
저기 하늘과 바다가 만나는 그 사이
작은 떨림들 쌓이고 쌓여, 익어 푹 익어
마침내 교향곡 되듯…
때로는 노을처럼 스며들어

풀잎 사이사이에도 노래처럼
꽃잎 구석구석 수줍은 웃음으로
넓은 빈터 가득 채우는…
그윽하게 고이는
자연의 섭리, 스스로 그러함.

들리나요? 들어보세요.
그대 영혼 흔드는 소슬바람 소리
아, 투명한 눈길에만 겨우 들리는 떨림
그림, 살그머니 떨리는 그림은
우리 영혼에 스며들어 번지는 것들
그 짙은 그림자.

*톨스토이의 말

그림무당 춤추다
-박혜숙의 그림을 들으며

그림이라는 칼날 위에 버티고 서서
덩실더덩실 춤추는 그림쟁이를
나는 존경한다.
거칠 것 없는 그림무당
덩기덩기 덩더쿵
칼날처럼 서슬 퍼런 칼바람 붓놀림
덩기덩기 덩덩

내 친구 오윤도 그렇고, 내가 아는 몇몇 그림쟁이들도 그러했지. 참된 그림무당이 되어 진한 굿판 벌리고 싶다고. 그 길밖에 없다고 간절하게…

"님하 그 강을 건너지 마오
 달하 노피곰 솟아 멀리곰 비추소서"

마늘 먹고 쑥 씹던 먼 옛날부터 지금까지
실비 하염없이 내려 내려 더덩실
한 세상 젖어 젖어 축축하고

▲박혜숙 〈하얀 말〉

무지개 건듯 둥실둥실 두둥실
꿈틀대는 색깔은 신령님 목소리
춤추는 선들은 하늘의 숨결
제발 덕분 그림이 그러하기를 간절하기를…
덩기덩기 덩더쿵

칼날 위 그림무당 한 세상
저 세상과 이 세상 넘나들며 이어주며
번득이는 그림무당 눈동자 촉촉하게 물기어린…

우주에 빈 의자 하나
-최영주의 그림을 느끼며

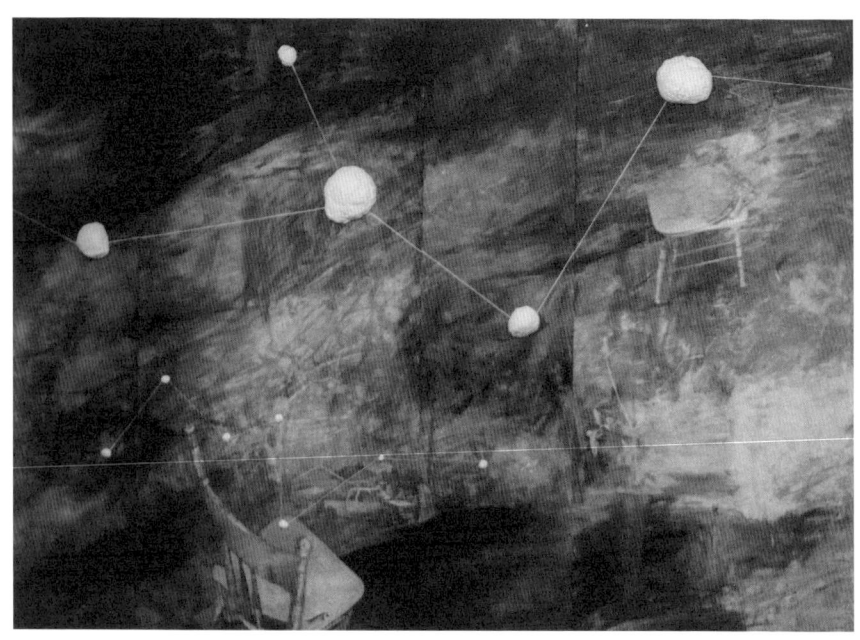

▲최영주 <우주를 향하여>

텅 빈 우주
가득 차게 그리려면
죽을 만큼 아파보거나
아무 것도 잡을 줄 모르는
어린아이처럼 텅 빈 마음 되어야…

버리고 또 버려
아무 것도 남지 않았을 때 비로소
겨우 보일 듯 말 듯 열리는
우주의 노래, 바람 소리…

내가 곧 우주라는 것
알아차릴 때까지 차마
의자에 앉지 못하는 사람.
가늘게 떨리는 꽃 한 송이처럼
날마다 다시 태어나기.

참 나를 찾아 헤매는 캄캄한 길
문득 화살표 같은
한 줄기 빛, 텅 빈 우주에서…

가득차서 빈 동그라미
-최윤정의 <생의 순환>

▲최윤정 <생의 순환>

동그라미(圓)는 가득 차고
동시에 아무 것도 없음,
끝도 시작도 없이 이어지는
생의 순환은 영원을 향한 소용돌이

세월은 직선으로 곧게 흐르는 것으로만 알았다가
인디언에게 배웠네, 시간은 둥글게 도는 것,
한 바퀴 빙글 돌아 처음과 끝이 맞닿는 것이라고

그러고 보니 시계바늘도 원을 그리며 도네.

봄 오면 매화 향기롭게 벙글고
가을이면 단풍 분분하게 흩날리고
원 그리는 자연의 큰 섭리

둥글게 도는 것 안에서 솟아나오는 힘
생명 순환의 역동성…

해도 둥글고 달도 둥글고
마패도 둥글고 돈도 돌고 돌고
세상 움직이는 숱한 동그라미들
결국 사람도 둥글고
우리 인생도 둥글겠지

완성된 또는 아무 것도 없이 텅 빈
옹근 형태 찾아 그리고 싶은 건
인생의 본질 찾아 헤매는 일…
물 흐르는 대로 바람 부는 대로
서두르지 말고 둥글게 넉넉하게 둥글게
하지만
서슬 퍼런 선비처럼 똑바르게…

소박한 나이테의 노래
-장정자의 검정색 그림

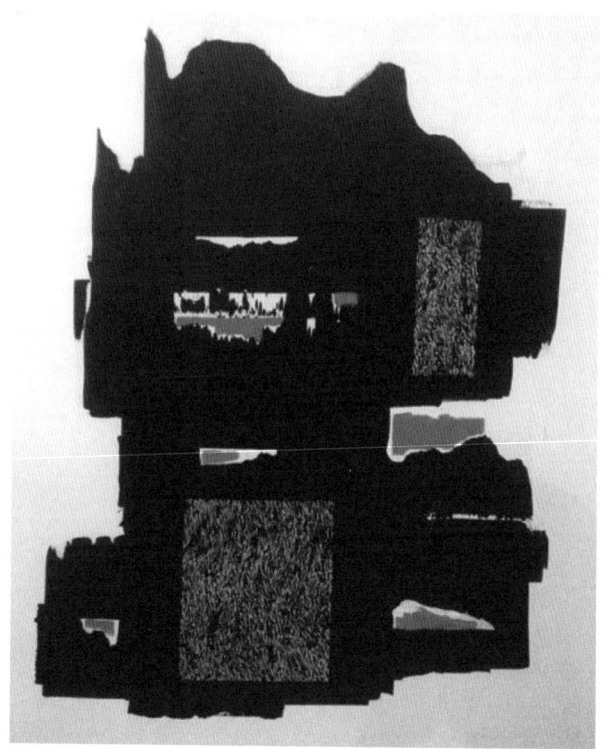

▲장정자 <작품>

나이 지긋해져 힘 빠져야
비로소 환히 보이는 것들 있네,

검정색의 바닥 모를 깊이, 우물처럼 깊은
지극히 평범하고 소박한 삶의 힘
꾸밀 줄 모르는 것의 향기 같은 것…

나이 어지간히 들어 눈 흐릿해져야
비로소 하고픈 일 생기네,
평생의 숙제 같은 것, 꼭 풀어야 할…
봄 오면 꽃피듯 그렇게 당연하게
꼭 하고픈 일, 물 흐르듯 자연스레…

검정색 무덤덤한 그림 그리며
흐뭇해 혼자 빙긋 웃으며 가득 차는 일,
아무런 별난 생각 없이 그저 마음 가는대로 그린
추상 민화(民畵) 또는 추상 문인화(文人畵)
매일 새벽에 읽는 성경구절처럼
그저 일상 살아가는 이야기 담은 검정색 그림
소박하고 무덤덤해서 아름다운…

그림은 솜씨 날렵한 화가만 그리는 것 아니다.
사람은 누구나 시인이요 화가다.
그림은 그저 평범한 삶의 흔적이므로…

지나온 길, 구불구불 아득한 길
그림 되어 돌아와 나를 깨운다.
긴 세월 연륜의 지극한 뭉클함
짠짠한 나이테의 무심한 웅얼거림
넘어져본 사람만이 아는 기도의 아득한 간절함…
그림 한 장 그릴 때마다 조금씩
더 가득 열리며 영글어가는 나이테.

그래서 드디어
그림은 날마다 모든 것에 머리 숙여
그저 감사하고 또 감사하는 일.

창밖 가득 밝아오며 까치 우는 소리
검정색 속 깊은 그림 한 장,
하늘에 살며시 띄우는 또 한 장…

3부

고국의 내 친구들

▲한운성 <매듭>

묶은 자가 풀어라
-한운성의 <매듭> 그림

우리 가슴에 맺힌 매듭일랑
풀어야지, 더 꼬이기 전에
당기지 마, 당길수록 매듭은 늙은이처럼 완고해져
풀어야지 차근차근 풀어
짜르지 말고 풀어, 서두르지 말고
마늘과 쑥으로만 백날 견디듯 차근차근
풀어야지 풀어

(사람과 사람을 묶으면 매듭이 생기는 걸까. 당길수록 모질어지는 매듭.)

<1>
하늘과 땅이 아직 하나였던 시절
그 무렵 그 마을 사람들은 모두
키가 작고 마음이 한없이 착했다고
전설은 전하는데
다른 건 몰라도 밧줄 꼬는 솜씨 하나만은 매서워서
매듭도 보일락 말락 탄탄하게 짠짠하게 묶어서

우물에 빠진 여자 구하고
벼랑에 매달린 남자 끌어올려
하나로 꽁꽁 묶었다고
그래서 지금 우리 있는 거라고
전설은 진양조로 느릿느릿 전하네.
그 시절 매듭은 보일락 말락....

<2>
사람이 하늘이다.
그 시절 온 마을 사람들은
밤마다 모여 새끼 꼬고
또 꼬아 매듭으로 엮어
기나 긴 새끼줄 하늘까지 닿을 만큼

밤마다 매듭들 불끈 일어나
춤추기 석삼년 밤낮
매듭마다 서러움 꽁꽁 묶어
하늘까지 닿을 새끼줄 이어
매듭 사이사이로 핏자국

스며 아프게 스며
매듭 틈새로 그래도
바람 통하고 시원하게 울고

그런 일 있었노라고
매듭이 지나가는 말처럼 노래하데
바람처럼 슬쩍 건드리고 지나가데.

<3>
아이고, 그 매듭 한번 독하게 꼬였네
쉬 풀기는 글렀네
그렇게 말한 사람 누구였나.
하필이면 허리께 모질게 묶인 동아줄
벗기려 버둥거릴수록
더 조여들어 파고들어
살 썩고 뼈 시들어
고약하게 엉키기만 한
그 매듭 풀릴 날 언제일까

바람소리 쓸쓸한
허리께
그 매듭 단단하고 모질어도
때때로 그리운 사람 목소리 들리고

새들은 오가고 냇물 흐르고
매듭만 남아 검은 그림자로 남아

(묶은 자가 풀어라)

울컥 목울대 흔드는
뜨거운 사랑 하나쯤
어디에나 있으려나

가슴 밑바닥 솟구치는
장단 한 자락
아, 저기 동 트고 새벽 온다
매듭 풀어지는 소리 스르르…

과일을 채집하다
-한운성의 <과일채집>

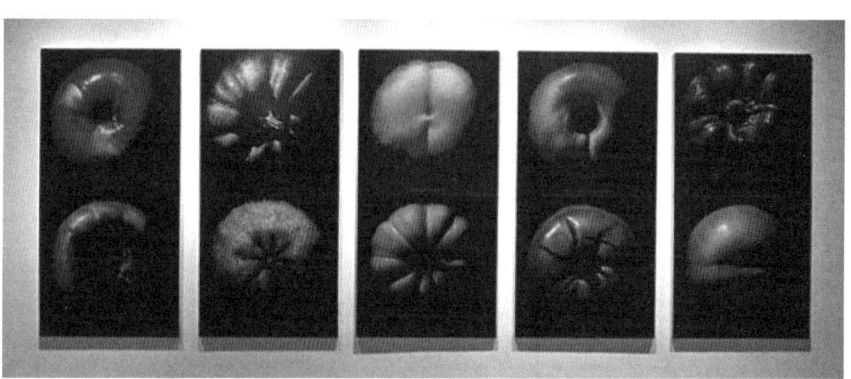

▲한운성 <과일채집>

채집된 과일은
그림자가 길고 깊다

더 변하기 전에 서둘러 채집된
저무는 세월 기우는 달
더 어두워지기 전에

씨감자나 종자알곡처럼
(씨 없는 과일이여, 미안하다.)

생명은 함부로 개량하는 게 아니다
끝까지 지켜야만 하는
거룩함 같은 것
끝끝내 살아남아야 할
간절함 같은 것
(아담과 이브의 사과, 뉴튼의 사과, 세잔의 사과
그리고…)

채집된 과일의 긴 그림자
그 쓸쓸하지만 야무진 고집.

지금은 아무 것도 없는 곳
-한운성의 <월정리 역>

▲한운성 <월정리역에서>

먼 서쪽 나라 장벽 무너지는 소리 듣고
몇 번이고 달려갔다
그 황량한 벌판
아무 것도 없는 곳

여름에도 갔고 겨울에도 갔고
봄에도 혹시나 해서 갔지만
안타까운 마음 안고 갔지만

끊어진 철길만 뎅그러니

아무 것도 없는 쓸쓸한 벌판
바람만 차고…

장벽 무너졌다는 소식 듣고
가고 또 갔다.

아, 저기 봄 온다, 무지개 뜬다
또 가야겠다.

꽃이 되어보니
-한운성의 〈꽃〉 그림

한 송이 꽃이 마침내 시들어
열매 맺고 씨앗으로 영그는 과정은
언제나 아프고 뜨겁다.
그저 아름답고 향기로운 것이 아니다.
우리네 삶도 결국은 그러하겠지…

그대를 이렇게 똑바로 정면에서
당돌하게 대면한 적 한 번도 없었다.
뜨거운 마음 정성껏 주고받은 기억도 없다.
미안하다, 아름다운 그대여.
그저 적당한 거리를 두고
비스듬히 내려다보며 적당하게 감상하거나
잠시 킁킁거리며 적당하게 냄새를 맡았을 뿐…
그대의 이름이 무엇인지도 알려고 하지 않았다,
신비로운 색채와 향기도 그저 당연한 것으로만 여겼다,
그래도 되는 줄 알았다,
미안하다, 부끄럽다.

▲한운성 <무궁화>

그대와 내가
같은 세상 살아가는 생명임을
산들바람에도 흔들리며
태어나고 죽고, 피어나고 시드는, 또 태어나고 죽어가는
한낱 가녀린 목숨임을 미처 알지 못했다.
미안하다, 아름다운 목숨이여.

그대가 단 한 순간도 함부로 낭비하지 않으려
얼마나 치열하게 애쓰는지도 몰랐다.
남 몰래 숨어서 혼자 죽는 마음도 헤아리지 못했다,
그 아픔이 온통 그대의 색깔이 되고
그 외로움이 향기가 되는 것도 몰랐다.
부끄럽다, 미안하다.

나는 죽어서 그저 한 줌 흙으로 흩어지고 말겠지만
그대는 열매되고 씨앗으로 여무는 것을,
꽃으로 들어가 꽃이 되어보니
이제야 겨우 어렴풋이 알겠다,
겨우 알 것 같다, 그대여.
꽃으로 들어가
꽃이 되어보니…

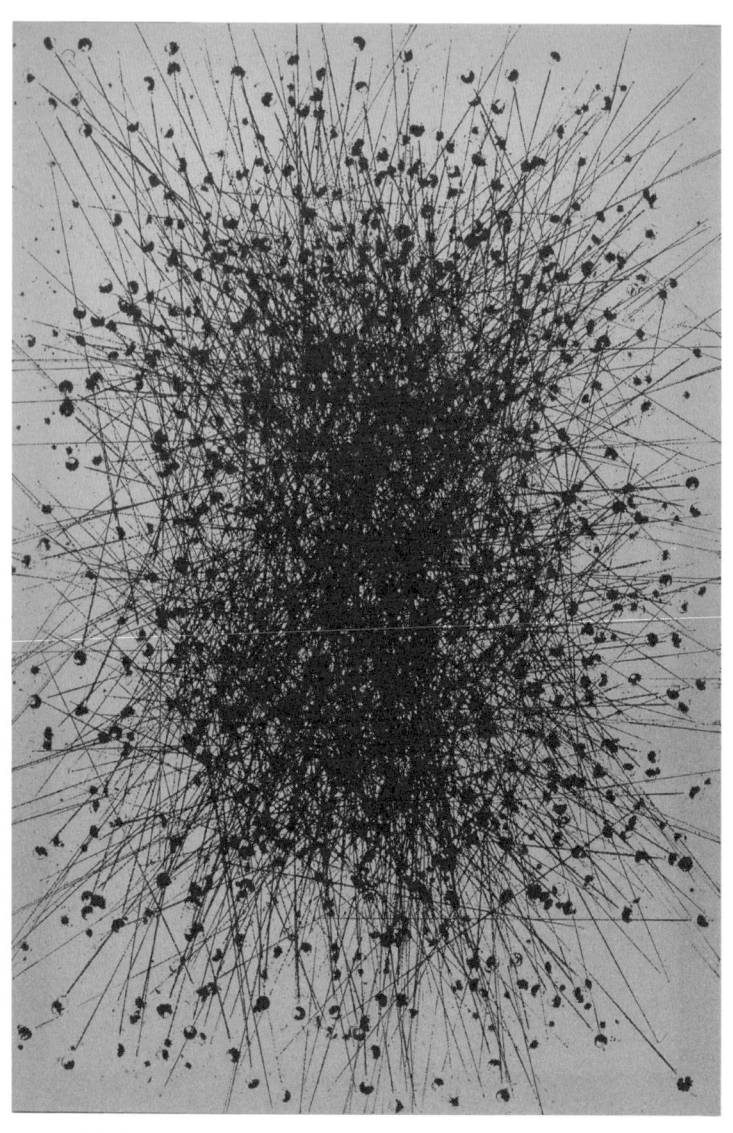

▲최상철 <무물(無物)>

버리기, 비우기, 얼룩
-최상철의 그림농사

무공해 그림농사꾼은
자연농법으로만 고집스럽게 그림 그린다.

그래, 나도 처음에는 새하얀 평면이었지,
아무 것도 없이 깨끗한…
세월 흘러 지금은 온통 무심한 얼룩일 뿐
쓰러지고 부딪쳐 터지고 찢긴
지난날들의 아린 기억 담은 얼룩일 뿐
우리네 인생살이 결국은
무심한 얼룩 만들기인가? 결국?

들린다,
바흐의 무반주 첼로곡이나 푸가의 우주율(宇宙律)
또는 산사의 풍경소리나 독경소리
울림……, 텅 빈 울림.
거기 나는 없고 싶다.
엎드리는 경건함만 가득할 뿐
엎드리는 것은 아득한 무심(無心)

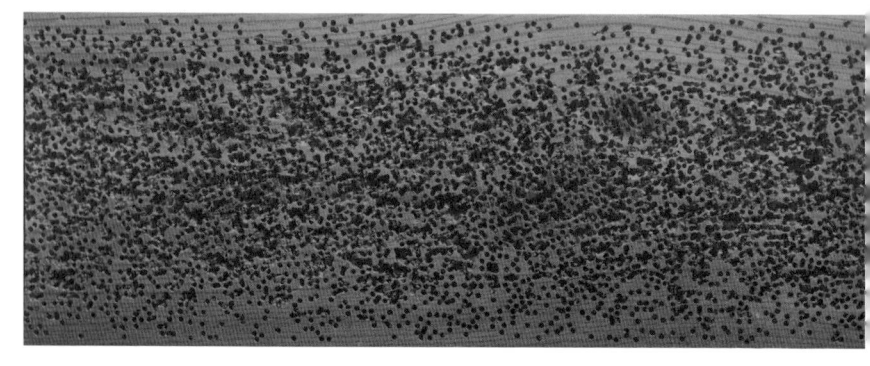

▲최상철 <무물(無物)- 21631개의 구멍>, 나무에 구멍, 2005

    나는 없고 싶다, 빈 그림자마저도…
    새하얀 바탕 위로 쓰러진다, 털썩
    나도 함께 쓰러진다, 철퍼덕
    오체투지로 온 몸 던져 납작 엎드린다
    엎드리며 나를 버린 흔적.
    그렇게, 그렇게 천 번 쓰러진 흔적은…

    쓰러질 때마다 비우고 비우며 공손히 절하고,
    마음 내려놓으며 거듭 쓰러지노라면
    검은색에 젖은 나도 함께 엎드리노라면
    벗은 마음으로…
    어머니 생각 한 번
    아픈 아내 생각 한 번
    그리고 또 한 번은…

그렇게 천 번을 쓰러지고
또 넘어지고 또 넘어지고 넘어진 흔적…
그걸 혹시 사랑이라고 불러도 될까
아리고 흐리지만 지워지지 않는…
산다는 것
그림 안에 산다는 것.

거기 나는 없다. 없고 싶다.
문득
네가 나를 부르는 소리 들린다,
깊고 검푸른 세월의 흔적처럼
그래 그렇지, 너 때문에 내가 사는구나
버리고 비워도 버리고 비워도
얼룩으로 남아 있는 내가……

꽃 또는 아련한 별
또는 아득한 곳의 목소리
혹시 모르지 어쩌면
맑고 푸른 하늘 보이고
가녀린 무지개 하나 살포시 걸릴지도
그렇게 천 번, 또 천 번 엎드리며
버리고 비우고, 또 버리고 또 비워도

끝내 얼룩으로 남아 지워지지 않는
내가
슬퍼, 얼룩 속에 하얗게 바랜 내가…

하지만, 어쩌면 혹시라도
쌓이고 쌓인 얼룩 틈새로
난초 한 포기 수줍게 꽃 피워
슬프고 고운 향내 천리만리
자유롭게 날아다닐지도 모르지…

얼룩… 흔적…
그걸 혹시 사랑이라고 불러도 될까
어쩌면 내가 나에게 바치는
서툰 사랑이라고……
그리고는 하얀 종이처럼 환하게 웃어도 될까?

산다는 것
그림 안에 산다는 것.

빛을 담는 그릇 가운데로
-박충흠의 조각 작품

벗들, 여기 들어와 하늘 올려다보시라
본디 하늘은 올려다보는 것.
아, 지금 반짝 지나간 빛은
저 멀리 어느 별에선가
수억 광년 전에 누군가가 쏘아 보낸
사랑의 신호, 혹은 작은 휘파람 소리
그래서 저렇게 수줍게 떨리는 것......

그래,
우리가 지금 보낸 답신은
또 수억 광년 뒤 어느 별에 전해지겠지,
가녀린 떨림으로....

벗들, 여기 들어와 빛 받으시라
빛 목욕 하시라.
커다란 덩어리도
작은 빛 한 줄기에 무너져 내리듯
더러워진 우리 마음은 따스한 빛으로 닦아야

▲박충흠 환경조각 <산-하늘문>, 서울 하늘공원

햇빛으로 닦아야

쓰레기 섬 위에 우뚝 빛바라기 하나.

빛 가운데로 살며시 들어가
포근히 안겨 아련히 잠들다 문득
광년(光年)이라는 낱말을 떠올린다,
빛의 속도로 일 년을 쉬지 않고 달린 거리…

아득하다.
지금 내 얼굴과 가슴을 어루만지는
이 빛은
저 가물가물 먼 곳으로부터 몇 억 광년을

달리고 달려온 빛....
거룩하도다.

빛 가운데 서서 빛 우러르며
내 마음에도 무수히 구멍 뚫려
공기 통하고 바람 지나가고
빛이 노래했으면 얼마나 좋을까
사람들 마음이 모두 그러하면 오죽 기쁠까
기도한다.

그 거룩한 빛을 담는 그릇은 그저
쇠쪼각 이어붙인 물체 덩어리가 아니다
빛이 머물다 퍼져나가는
어쩌면 성전 같은 곳.

그대 그림을 보고 울어본 적 있는가?

▲박충흠 <빛을 담는 그릇>

조각 앞에서 눈물 흘린 일 있는가?
하나의 작품 만들기 위해 수천 개의 쇳조각
하나하나 땜질하여 붙이며 작가는 무슨 생각을 할까?
빛이 통하는 조각, 바람이 드나드는 조각.
조각이 꼭 덩어리여야 하는가?
조각이란 무엇인가? 공간이란 무엇인가?

틈새는 아름답다
아주 작은 틈새일지라도

빛이 지나가면…… 희망이 된다.
새 세상이 열린다.
거룩하도다.

얕은 물 위에 커다란 은빛 꽃 한 송이
저 멀리 아득한 곳에서 내려 온 빛
은빛 꽃잎에 부딪쳐 반짝이고
물 위에는 그림자 깊고 그윽하다.
넋들이여 한 줌 재 되기 전에 잠시
여기 머물러 쉬다 가시라.
저 빛은
먼저 간 벗님들의 세상에서
보내온 빛이니, 은은한 노래이니

빛은 서로 부딪쳐도 싸우지 않는다
서로 어울려 조금 더 밝고 넓은
하나가 될 뿐…
아름다워라.

빛에는 껍질이 없다, 모양도 없다

아무 그릇에나 가득 담기고
어떤 공간도 꽉 채운다.
안과 밖도 없고 누구에게나 공평하다
빛은 썩지 않는다
모든 생명의 근원이므로…
평화로워라.

태초에 빛이 있었다.
지금도 물론 있고
내일도 모레도 찬란할 것이다.
거룩하여라.

빛이 거룩하매
빛을 머금은 그릇을 빚는 이는
늘 뜨겁고 겸손하다, 수도사처럼…
태초에 빛이 있었다.
참 아름다웠다.

청년과 어린이, 작은 승리
-윤석원의 조각

▲윤석원 <가시면류관>

<1> 가시면류관

흙 빚어 형상 만드는 일은
본디 하나님의 거룩한 일.
그걸 잘 아는 내 친구는
흙을 빚으며 늘 기도한다.
흙 다듬는 손이 가볍게 떨리는 것도
기도하기 때문,

▲윤석원 환경조각 <작은 승리>, 서울 을지로 입구

마음 떨리듯 그렇게 다소곳이…

한 평생 같은 작업을 하면서
지치거나 게으르지 않는 것도
우쭐대거나 서두르지 않는 것도
허겁지겁 어디론가 달려가는 이웃들에게
웃으며 손 흔들 수 있는 것도,
하나님 일 한 귀퉁이 감히 거든다는
크나 큰 송구스러움 때문.

주름살 이만큼 늘어갈 동안 깨달음 한두 가지쯤이야
어찌 없으랴, 어찌 없으랴만.
기도는 꾸밀수록 가벼워지고
누추한 기도일수록 아롱다롱 치장하는 법
다급할 때만 서둘러 올리는 기도란
요란하고 시끄럽기만 한 법, 요란하다는 것…

그러므로, 내 오랜 친구는
헐벗은 마음으로 엎드려 기도할 수밖에…
피 흘리며 괴로워하는 청년의
맑은 얼굴 빚을 때도
가시면류관 씌울 때도
가볍게 떨리는 손 위로
눈물 떨어지는 것은
흙 빚기가 바로 기도이기 때문,
흙이 곧 사랑이기를 기도하기 때문…

<2> 작은 승리

청년은 유달리 어린이들을 사랑했다.
어린이 마음이 되어야 비로소
천국에 갈 수 있나니…

오만하고 차가운 빌딩 탁한 공기 틈새
참으로 옹색하고 비좁은 공간
좁지만 널따란 아이들 천국, 작은 승리
신바람 나게 시소 타는 아이들
오르락내리락
싱그러운 함성 하늘로 튀어오르고…
"야 이놈들아, 하라는 공부는 안 하고
허구헌날 놀기만 하냐? 커서 뭐가 되려고?"
아무 거나 되지요, 뭐! 걱정 마세요.
그저 활기찬 아이들 천국, 오르락내리락
아이들 위해 내 친구가 정성껏 빚은
아주 작은 공간, 작은 승리

그렇다, 어떤 이에게는
예술이 곧 종교다.
그러기를 꿈꾸며 기도한다.

살벌한 금 하나
-오윤의 <통일대원도(統一大願圖)>

이 금 넘어오지 마! 넘어오면 죽어!
넘어오면 침입자 되고
침입자는 적이야, 웬쑤!
예전에는 하나였었었었었었다는 말
그런 헛소리 하지 마!
금 밟지 마, 죽어!

어느 날부턴가 그 살벌한 금 조금씩 지워지며 흐릿해지기 시작했네. 영원히 변하지 않을 것 같던 근엄함이 조금씩 허물어지는 걸 생생한 실감으로 느낄 수 있었지. 쿵딱. 누구나 느끼면서도 아무도 말은 하지 않았어. 세상이 그렇게 아슬아슬했지. 덩기덩떠끼!

아무래도 밤이 의심스러웠어. 밤이 궁금했어. 역사는 밤에 이루어진다는 말 믿어도 되는 걸까? 더엉덩 덩덩기… 결국은 참지 못하고 한 밤중에 살그머니 일어나 살펴보았지. 더어덩 덩덩…

▲오윤 걸개그림 <통일대원도>

세상에나! 쿠웅딱기 꿍딱! 깊은 밤 토끼와 다람쥐와 들쥐와 기타 등등 온갖 짐승들이 그 살벌한 금을 마음대로 넘나들며 잔치를 벌이고, 덩실더덩실 한바탕 춤을 추고나면, 더덩실덩실 그 근엄하고 살벌하고 오만하고 고집불통이고 징그럽고 무서운 금이 조금씩 아주 조금씩 지워지는 거야. 덩기덩기!

정신 차리고 보니, 나도 모르게 뛰어들어 그 무서운 금을 넘나들며 덩실덩실 춤을 추고 있었네. 덩실더덩실!

금 그은 자들이 깜짝 놀라, 금 둘레로 폭약을 촘촘히 묻었지. 꿍딱! 건드리면 터지는 괴물들 위에서 춤을 출 수는 없었어. 춤추는 목숨들이 없어지자 금 그은 자들은 안심하고 술을 퍼마셨다는군.

그랬더니 이번에는 쿠웅딱기 꿍딱! 두더지, 지렁이, 굼벵이, 땅강아지, 뱀 같은 땅 파는 목숨들이 덩실더덩실 떼거지로 모여들어 간단하게 문제를 해결해버렸지. 쿵딱! 그리고 다시 밤마다 춤판이 벌어졌고, 덩기덩기 더덩실 금은 점점 희미해져갔어. 더엉더끼 쿠웅탁!

누군가는 노래를 불렀고, 누군가는 시를 읊었네.
모두들 한 목소리로 노래하며 춤을 추었어.
결국, 지워지지 않는 금이란 세상에 없는 법,
새들도 물고기들도 벌레들도 마음대로 넘나드는데
사람들 눈에만 보이는 금.
사방천지 여기저기 금 그어놓고
싸움질에 여념 없는 인간은
그래서 만물의 영장, 자랑스러운 영장.
영장들에게 영장을 발부하라, 구속영장.

오늘밤도 몰래몰래 아주 조금씩 흐릿해지는 금.

꿈꾸는 쇠, 숨 쉬는 쇠
-김승희의 쇠로 그린 그림

쇠는 본디 그러하다.
자기 몸 다 녹여 시뻘건 물 되는
뜨거움 거쳐야 드디어 단단하게 숨쉬는
생명 얻는 것
다시 태어나는 것…

아득한 예로부터 우리 겨레는 쇠 다루기에 정말 빼어났지. 잔무늬거울, 금관, 박산향로, 미륵반가사유부처님, 에밀레종… 쇳물 녹여 주무르고 다듬어 아름답고 긴 생명 불어넣는 일에는 단연 으뜸이었지. 쇠붙이의 마음 잘 알아 섬겼으니… 쇠의 행복한 노래 소리 듣고, 비명 소리 흐느끼는 소리 가려들을 줄 알았으니…

그 맥 끊어져 지금은 쇠 마음 읽는 사람 아주 어쩌다 가끔 있을 뿐… 그저 플라스틱 부딪는 소리 날카로울 뿐…

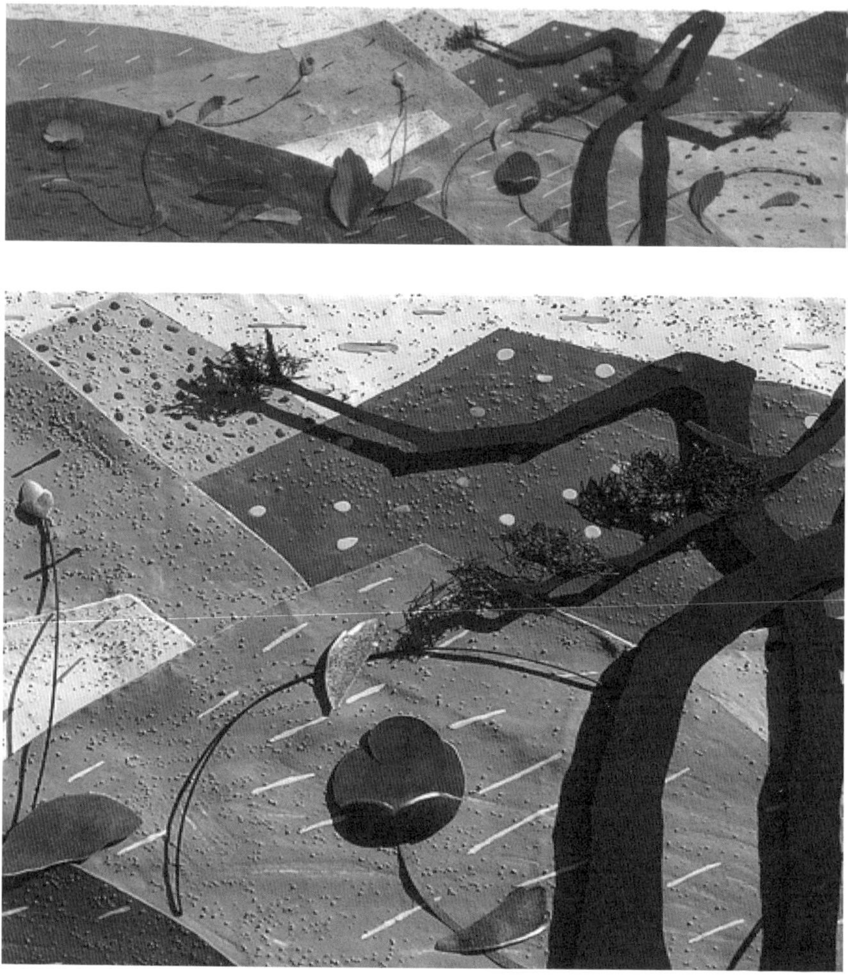

▲김승희 <풍경>, 쇠로 그린 그림, 2006

쇠로 그린 그림 보았네, 따스한 쇳덩이
꿈꾸는 쇠가 그렇게 쌔근쌔근 은근하게
숨 쉬는 줄 이제 겨우 알았네

쇠로는 날카로운 무기나 돈밖에 만들 줄 모르는 욕심꾸러기 인간들 세상에, 그 반대편 바라보는 가슴 더운 사람, 무기 녹여 종 만드는 사람 아직도 있네. 반가워라 반가워라.

보드라운 쇳덩이
가만히 만져보고 고개 숙였네
조용히 웃었네

아, 쇠도 꿈꾸고 숨을 쉬는구나, 좋다
무심한 철판도 노래하는구나, 얼씨구
차거운 쇠 뜨거운 불을 만나, 절씨구

쇠가
나무 되고, 산이 되고, 꽃으로 피어 덩실덩실
노래하고 춤추는 세상 얼씨구
시원하게 바람 통하고 맥박 뛰는 세상 절씨구
참 아름답다, 빛난다.

▲김승희 <하염없는 생각>, 금속으로 그린 풍경, 1987

쇠로 그린 그림, 꿈꾸며 따스하게 숨 쉬는 쇠붙이
앞에 오래 서 있었네. 말없이 그렇게… 쇳덩이처럼.
쇠 다루기 으뜸이었던 조상님들께 경배.

자기 몸 다 녹여 물 되어 다시 태어난
작은 자연(小然), 작지만 커다란 자연
쇠로 그린 그림 앞에서……

얼굴은 얼의 꼴
-권순철의 <얼굴> 그림

한 평생 사람 얼굴만 그려온
고집쟁이 화가는
아직도
어머니 얼굴을 그리지 못했다.
생각만 해도 울컥 뜨거워져서
차마
그리지 못하고 있다며 웃는다.

아무아무개의 얼굴이 아닌
그저 조선사람의 좋은 얼굴을 찾아
서울역 앞마당, 탑골공원, 시장바닥 헤매며
멀리서 조심스레 훔쳐보며
그냥 사람 얼굴 그려온,
먼 타국땅에 살면서도
조선사람의 좋은 얼굴 그리워하는 화가가…

드디어
엄마 얼굴을 그릴 땐

▲권순철 <자화상> 1998

뜨겁게 울겠지.
짙은 주름살 한 올 한 올 그리며
눈물 한 바가지 흘리겠지.

젊은 시절 한국의 산을 그리며
깊고 굵은 땅주름 한 자락 한 자락 쓰다듬던
그 손길로
엄마의 삶 그리며 어루만지며
드디어 끄여끄여 울겠지
속으로 속으로…

얼굴은 얼의 꼴
한 사람의 인생이 고스란히 담긴…
그래서 사람의 얼굴을 그리는 건
그 사람을 지극정성으로 사랑하는 일.

▲김희영 <선(線)-률(律)>

먹 향기 들으며…
-김희영의 수묵화 <선-율>

<1>
나이 넉넉히 들어 모서리 부드러워진
거문고나 가야금 팽팽한 줄들
서로 한 몸인 듯 얽섞여
노래하며 춤추네, 덩기당기 더덩실.
멀리서 오랜 벗 찾아오신 듯
긴 세월 곰삭은 바람 시원하게 휘익 지나가고
반가운 비라도 촉촉이 오시려나
듬성듬성 거칠고 성글게 죽죽
그리움의 소리 들으며…

무심(無心)으로 그었으되 함부로 튕기지 않고
하늘 뜻 담은 선(線)이기를 기도하며
온 마음 모아 단숨에 주욱 내리 그으니
다소곳 번진 먹색에 세상 온갖 색
다 들어 있네 스며있네
그리움의 냄새 천리까지…

스스로 그러하게(自然) 떨리며
춤추노라면, 노래하노라면
행여 그 분 마음 읽을 수 있으려나
바람 사이로 언뜻 보이는
그 분 그림자, 검은 그림자
새카만데 하얗게 빛나는…

<2>
저 춤추는 선(線)들은 혹시 길(道)인가?
간절한 기우제 끝에 드디어 내리시는 빗길
마른 논 적셔주는 물길
너와 나 이어주는 마음길
아니면 혼길이나 역사길, 사람길,
아득한 어느 뒤안길, 꼬불꼬불 오솔길,
어린 시절 아련한 골목길…

길이 너무 많으면 좋지 않지
너무 곧아서 편한 길도 좋은 길 아니지
되도록 거칠고 성근 게 좋아
스스로 그러함(自然) 다치지 않게…

4부

옛날에 옛날에

나이 아주 많이 자신 소나무
-솔거의 노송도

어쩌다 잘 생긴 소나무 만나면
솔거의 시가 슬그머니 일어서 춤춘다, 덩실덩실
솔바람 속 휘청휘청 거닐면
솔거가 노래한다.
솔거는 시인이다
그림으로 노래하는 시인.

시(詩)는
절(寺)의 말씀(言).
그 깊은 뜻 타고난 솔거는
스스로 그렇게
천년 세월 뛰어넘는 시인.

솔거가 그렸다는 황룡사 노송도
새들이 날아와 앉으려다
미끄러져 떨어졌다는 전설의 그림.
그렇게 생생하게 잘 그린 신필(神筆)이라지만
정작 새들이 날아온 까닭은 솔 향기 때문,

바람이 전해준 싱싱한 생명의 소리 때문.

 나라 지키는 절 황룡사 기둥들은 도륙 당한 소나무들
천년 세월 묵묵히 살아온 이 땅의 소나무들.

 (부처님 모실 집 지으려
얼마나 많은 나무들이 살생 당했던가,
임금 머물며 새끼 치는 집 지으려
또 얼마나 많은 나무들 베어졌던가)

 들어본 적 있는가, 나무의 비명소리? 밑둥 잘려 속절없이 쓰러지며 우지끈 우르르르 외치는 소리, 산길 끌려가며 질질 흐느끼는 소리, 뗏목으로 강 따라 떠내려가며 출렁출렁 눈물… 어느 낯선 땅에서 잘리고 깎여 기둥 되어…

 귀 세우고 잘 들으면 들린다, 나무의 한숨.

늙어 죽는 나무는 별로 없다, 자살하는 나무도 그리 많지 않다. 외로운 나무끼리, 아니면 정든 나무끼리 몸 부비다 부비다 산불이 나도 나무들은 끝내 다시 살아나 숲을 이루고…

　어느 집 기둥 된 나무들은 그래서 약간은 자랑스럽고 마냥 쓸쓸하지. 바람은 옛 그대로지만, 새들은 둥지 틀지 않고, 바람 따라 마음대로 춤 출 수 없는 나무들은 서럽지…

　그 소나무 안쓰러워 시인 솔거는
　굵은 가지 그리고, 잎새 촘촘하게 그려넣고
　그윽한 솔내음 듬뿍 심어
　다시 살려냈네

　나라 지키는 절집 담벼락에 하필이면
　나이 많이 자신 소나무 그린 깊은 뜻은
　죽은 나무의 넋을 모셔 기림

아니면 부처님 뜻 받들어
죽은 나무 살리기

그러나 나무는 끝내 웃는다
부처님 내 곁에 계시니 환하네.
이렇게 또 천년을 가리, 헐벗고 외롭게…
솔거의 소나무는 그래서 엄청나게 크다.

 솔거의 소나무가 내게 준 말 오직 한 마디.
"그림은 그림이다.
 지극한 그리움이다."

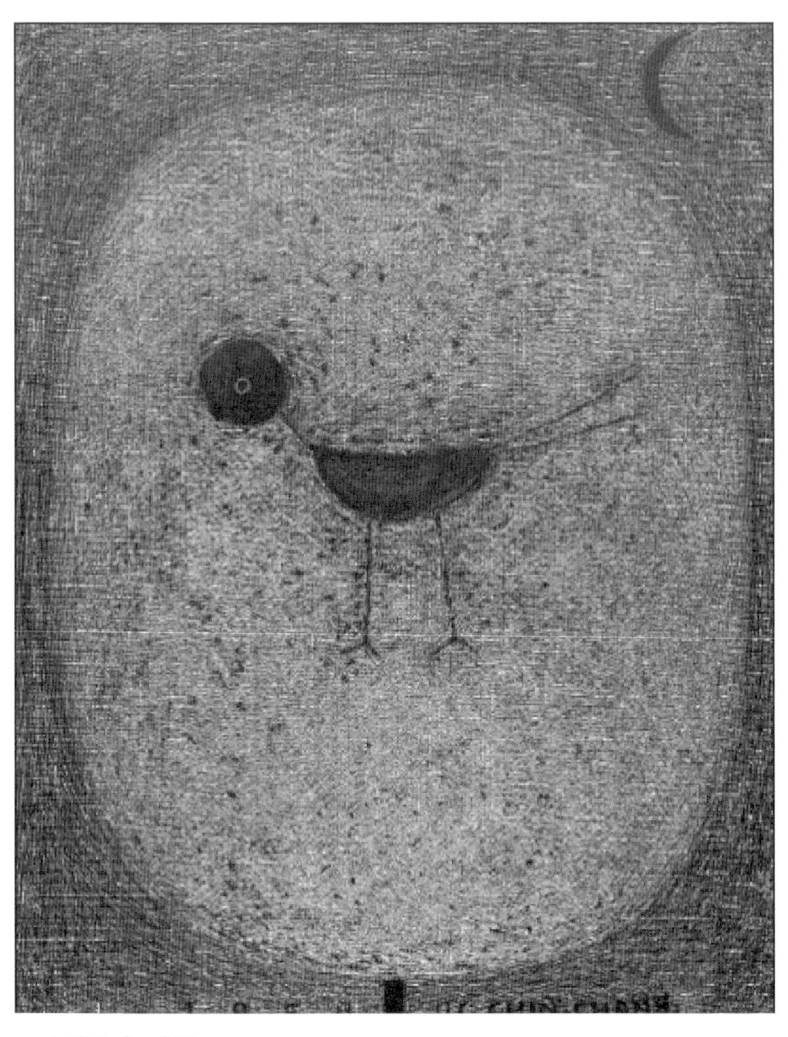

▲장욱진 <까치>

까치 그리는 이
-이름 모를 옛 환쟁이의 그림

   그 이는 평생 까치만 그렸다. 몇 마리나 그렸는지를 헤아리는 것은 바다의 파도를 헤아리는 것만큼이나 부질없는 짓.

   죽는 순간에도 손을 들어 허공에 까치를 그렸다고 전해지지만, 왜 까치를 그렸는지에 대해서는 스스로 이야기한 바 없으므로 정확하게 알 길이 없다. 다만 안타까울 따름.

   뒷날 어떤 이가 적은 글이 전한다. 일러 가로되

   "감히 미루어 짐작컨대 그가 지치지 않고 까치를 그린 것은 스스로를 까치라고 믿었기 때문이리라. 혹은 전생이 까치였을 것이다. 그러니까, 까치 그림은 그의 자화상인 셈이다."

   아주 그럴듯한 말. 전하는 바로는 그 이의 생김새나 행동거지가 까치를 닮았고, 나이가 들어갈수록 자신이 그린 까치와 흡사해졌다고. 믿을만한 가치가 있는 말이다.

사람들은 그의 까치 그림을 무척 좋아하여 다투어 가지려 했다. 높은 심미안을 가진 이나 그림을 전혀 모르는 사람이나 그 이의 까치 그림을 좋아하기는 마찬가지.

참으로 여러 모양의 까치를 그렸다. 나뭇가지에 앉아 호랑이 놀리는 까치, 이리저리 포로롱 포로롱 날아다니는 까치, 밥 먹고 물 마시는 까치, 우는 까치, 노래하는 까치, 시를 쓰는 까치, 저만치 홀로 앉아 외로워하는 까치, 철학하는 까치, 기도하는 까치… 어떤 까치나 지극히 까치다웠다. 그 이가 붓을 아무렇게나 움직여도 생생한 까치가 되었는데,

다만 정치하는 까치, 싸우는 까치, 부끄러움 모르는 까치, 욕심꾸러기 까치 따위는 결코 그리지 아니

하였다.

그 많은 까치 중에서 가장 높게 치는 까치 그림은 나그네 까치. 그림 한 구석에 작은 글씨로 삐뚤빼뚤 적혀 있기를

"떠나온 곳은 있으되
돌아갈 곳 없으니
외로워라"

옛 말씀에 이르기를, 참으로 지극하면 모든 것의 끝은 하나로 통한다고 하였는데, 과연 그이가 그린 까치에는 인생사의 희로애락이 고스란히 담겨 있었으니, 그래서 사람들이 그 이의 까치 그림을 좋아하는 것.

그 무슨 놈의 까치냐고 웃을 일이 결코 아니다. 아무리 하찮은 것이라도 지극한 마음으로 끝까지 파고

들면 하늘로 통한다는 진리 한 토막.

 다만 안타까운 것은 그 이가 그린 까치를 지금은 볼 수 없다는 사실. 그이가 눈을 감은지 얼마 안 있어, 까치들이 모두 울면서 하늘로 날아갔다고 전한다. 저 멀리서 그이가 부르는 소리가 들리자 까치들이 일제히 날아올랐다는 이야기도 있으나, 온전히 믿을 바는 못 된다. 하지만 그 말을 믿고 싶어 하는 사람도 매우 많으니 참으로 괴이한 일.

 까치다운 까치를 못내 그리워하며 몰래 흐느끼는 바보 같은 사람들…

어머니꿈
-변월룡이 그린 어머니

   죽기 얼마 전에 화가는 문득 어머니를 그렸다. 이미 45년 전에 세상 떠나신 어머니를 그림으로 살려냈다. 그리면서 울었다, 어머니 보고 싶어요, 너무나…

어머니 그리며 울지 않는 화가는 화가가 아니다.

  <1>
새벽에 일어나 하늘을 보면
가난한 새들은 노래 부르고
살랑살랑 바람이 속삭이는 말은
가슴 출렁이는 어머니 얼굴

아, 오늘밤 꿈길에도 어머니 만나
굽이굽이 꿈 이야기 다시 듣고 싶네

  <2>
막막한 한 세상 선인장꽃 피어
메마른 무지개 얼핏 걸리고

▲변월룡 <어머니> 캔버스에 유채, 1985

변월룡은 1945년에 돌아가신 어머니를 40년 만에 그렸다. 이 그림을 그린 후 얼마 안 가 뇌졸중으로 쓰러져, 투병생활을 하다 1990년 향년 74세로 세상을 떠났다.

모래바람 가운데 피어오르는
구름처럼 흘러온 어머니의 꿈

아, 오늘밤 꿈길에도 어머니 만나
출렁출렁 꿈 이야기 또 듣고 싶네

<3>
저녁에 살며시 노을을 보면
어둠을 가르는 희망 같은 것
뉘엿뉘엿 저무는 내리막길에
내 가슴 한가득 어머니 사랑

아, 오늘밤 꿈길에도 어머니 만나
오래오래 꿈 이야기 자꾸 듣고 싶네.

평생 소련에 살면서도 한 시도 한국인임을 잊은 적 없다는 화가는
어머니 생각하며
힘겹게 뒤틀린 소나무 그리고…

▲윤두서 <자화상>

터럭 한 올이라도…
-옛 화공의 그림

  -화공(畫工)은 들거라! 네 이놈! 이 그림이 정녕 네 어미를 그린 초상화란 말이냐?
  -그러하옵나이다.
  -네 이노옴! 내가 네 어미의 모색을 익히 알고 있거늘… 이것은 네 어미와는 생판 다른 얼굴이 아니냐! 네가 정녕 화공의 법도를 모르느냐?
  -잘 알고 있습니다.
  -일러보아라!
  -옛 어른들께서 초상화에 대해 이르시기를, 터럭 한 올이라도 다르면 그 사람이 아니다, 한 치도 틀림없이 그려야 비로소 그 사람의 속마음까지 드러내 보여줄 수 있으니, 이를 일러 전신사조(傳神寫照)라고 하느니라…
  -그렇게 잘 아는 놈이 어찌하여 이처럼 다른 모색의 그림을 네 어미라고 우기는 것이냐? 네 죄가 얼마나 큰지 알기나 하느냐?
  -아뢰옵기 황송하오나, 그 그림의 인물은 소생의

어미가 분명하옵나이다.

　-무엇이라?

　-그 얼굴은 이십여년 전의 제 어미의 모습이 옵시다. 지금의 늙고 병든 어미도, 오래 전의 젊고 어여쁜 어미도 모두 제 어미임을 분명하거늘, 이왕이면 젊고 아름다운 모습의 어미를 섬기고 싶은 자식의 마음 또한 당연한 인지상정인바…

　-무엇이라! 이십여년 전의 모색을 지금 어찌 그릴 수 있더란 말이냐? 실물이 눈앞에 없거늘 무슨 수로 터럭 한 올도 틀림없이 그릴 수 있단 말이냐? 옛 어른들의 근엄하신 가르침을 거스르겠다는 말이냐? 대답해보라.

　-소인의 마음속에 생생하게 살아 있으므로 생생하게 그릴 수 있나이다.

　-마음에 살아 있다?

　-소인의 눈에는 그 그림이 바로 어미임이 분명합니다.

　-무엇이라! 저 저런 무엄한 놈이 있나? 위로는 임금

님으로부터 정승 대감 사대부 모두가 초상화의 법도를 엄격히 지키고 있거늘, 한낱 화공 주제에 감히 근엄한 법도를 어기다니, 그 죄가 얼마나 큰지 아느냐? 현실을 직시하지 못하고 헛된 형상으로 세상을 어지럽히는 죄가 얼마나 큰 죄인지 정녕 모르느냐?

사람들이 저마다 이처럼 헛된 그림을 탐하게 되면 엉터리 초상화, 가짜 얼굴이 세상을 뒤덮어 어지럽고 무서워질 것이 명약관화 불을 보듯 뻔한 일이고, 이는 나라의 기강을 무너트리는 일인바… 나라의 기강이란 한 번 무너지기 시작하면 걷잡을 수 없으니… 이러한 이치를 화공인 네가 모른다는 말이냐?

-어미를 어미라 한 것이 죽을죄라 하신다면… 재간과 정성을 다해 가장 아름다운 어미의 모습을 그린 것이 죽을죄라면… 달게 죄를 받아 기꺼이 죽겠나이다. 하오나, 이미 아뢰온 대로, 젊은 시절의 어미도 늙은 어미도 소인의 어미임에 틀림이 없을진대…그 그림의 인물은 헛된 초상화가 아니라, 소인의 곱고 여쁜 어미임이 분명하옵니다.

-그러하면, 네 놈은 죽어도 이것이 네 어미라고 우기겠다는 말이냐?

-하늘 우러러 한 점 부끄러움도 없나이다.

-무어라! 무엄하다! 저 놈이 아직도 정신을 못 차리는구나! 여봐라, 저 놈이 다시는 허튼 생각을 못하도록 단단히 묶고 매우 쳐라!

효자 화공의 비명소리가 낭자한 가운데, 그 소리에 섞여 사또의 푸념이 귀 밝은 사람들에게는 똑똑히 들렸다고 전한다.

"아, 사또 짓 못해먹겠다!
온 백성이 너무도 똑똑하여
소름이 돋을 지경이로구나."

또 한 가지 바람결에 들려온 소문… 사또께서 은밀히 화공을 불러 들여 제 어미 젊은 시절의 고운 모습을 그려 다락 깊숙이 감춰두고, 때때로 몰래 꺼내 보며 눈물 글썽였다고 전해온다.

예술이란?

스승님 떠나시며 슬며시
남긴 편지
설레며 살며시 펼쳐보니
아무 것도 쓰여 있지 않은
흰 종이, 새하얀…
너무 넓고 눈부셔.

못내 아쉬워
마음 모아 살펴보니
구석구석 물기 축축한 자욱
눈물?………… 맞아, 눈물!
하나… 둘… 또 하나…

예술이란
아무 말 없이
모든 말 다 하기…

움직씨

인생은 동사(動詞)라고, 예술도 동사라고
명사나 형용사가 아닌 움직씨라고
그러므로 끊임없이 움직여야 한다고
내게 슬그머니 일러주신 귀인께서는
지금 어디에 평안하게 계신지…
무심하게 흘러가는
구름 한 조각.

하지만
움직씨에도 가지가지 이런저런 많지요,
한다 했다 했었다 하겠다
사랑한다 사랑했다 사랑했었다 사랑하겠다
망설임인들 왜 없겠나요?
사랑하나? 사랑했을까? 사랑할 수 있을까?
사랑해도 될까? 사랑해도 되는 걸까?

인생은 움직씨, 예술은 동사라고…
명사나 형용사가 아니라

살아 움직이는 꿈틀거리는 낱말이라고
그러므로
끊임없이 움직여야 한다고
구름이 말하네, 움직이며 흘러가면서…